소송관계자를 위한

건설감정보고서

손은성

박영사

건설감정의 목적은 건축의 비전문가인 소송당사자가 전문가인 감정인의 의견을 확인하기 위해 '감정료'를 지불하고 '감정서'를 작성하는 것이다. 그러므로 감정서는 최소한 '감정료'만큼의 값을 해야 한다. 하지만 그동안 건설소송에 관여하면서 그렇지 못한 감정서를 수없이 보고 있다.

건설소송과 관련해 문제로 언급되고 있는 것은 부실감정과 소송기간이다. 건설소송은 복잡한 이해관계, 방대한 자료, 확인방법의 한계 등으로 감정을 하지 않더라도 다른 소송에 비해 많은 시간이 소요된다. 여기에 감정을 하게 되면 소송기간은 더더욱 길어질 수밖에 없다. 하지만 그럼에도 불구하고 감정을 하는 이유는 감정금액이 판결금액을 결정하기 때문이다. 그런데 이와 같이 중요한 감정서가 부실하거나 감정내용을 이해할 수 없어 사실조회가 반복되고 이로 인해 소송이 지연된다면 그 책임은 감정인에게 있다. 게다가 소송이 길어지면 소송 당사자들은 물론 감정인에게도 손해가 발생한다. 소송이 끝나야 감정료 잔액을 받을 수 있기 때문이다.

감정인에는 두 종류가 있다. 감정을 통제할 수 있는 감정인과 그렇지 못한 감정인이다. 통제범위는 현장조사, 감정금액산출, 감정서쓰기다. 경우에 따라 이 모두를 직접 하는 감정인도 있다. 하지만 대부분은 단계별로 감정보조자들의 도움을 받아 감정을 진행한다. 현장조사나 내역서 작성 등 업무량이 감정인 혼자 감당할 수 없는 경우도 있기 때문이다. 그렇지만 이들 업무 결과를 정리한 감정서에 대한 책임은 오롯이 감정인에게 있다.

이 책은 건설감정을 시작하거나 이제부터라도 감정서를 직접 쓰려고 마음먹은 건설감정인을 위한 것이다. 국내에는 아직 건설감정에 대한 체계적인 교육과정이 없다. 게다가 소송자료에 해당하는 감정서를 구하는 것도 쉽지 않다. 그래서 대부분의 감정인은 감정서는 물론 감정의 의미조차 모르는 상태에서 감정을 시작한다. 그러다 보니 일부 감정인의 경우 내용은 차치하고 형식조차 못 갖춘 감정서를 제출해 문제가 되고 있다. 문제의 감정서가 작성되는 이유는 세 가지다. 감정인이 건설소송의 특성을 모르고, 감정에 대한 인식이 부족하며, 감정서를 어떻게 써야 하는지 모르기 때문이다.

무엇이든 처음은 쉽지 않다. 그래서 먼저 해본 사람을 선생으로 여기고 그들의 성과물을 기준(form) 삼아 자신의 것을 만들어 간다. 이때 주의할 것이 있다. 좋은 기준(form)으로 시작해야 한다는 것이다. 일도 운동처럼 폼이 중요하다. 처음 익힌 폼은 고치기 어렵기 때문이다. 감정서를 쓰는 것도 마찬가지다. 감정서에 대한 좋은 기준(form)은 감정인이 직접 감정서를 쓸 때는 물론이고 타인의 도움을 받는 경우에도 매우 중요하다. 자신이 어떤 것에 대해 잘 모르고 기준조차 낮을 경우 상대에게 제대로 된 요구를 할 수 없고 제공된 것에 대해 이의를 제기할 수 없기 때문이다.

일본작가 사이토 다카시는 자신의 책『일류의 조건』에서 일류가 되기 위해서 필요한 세 가지를 '훔치는 힘'과 '요약하는 힘', 그리고 '추진하는 힘'이라고 했다. 훔친다는 것은 타인의 지식이나 방법, 도구 등을 활용하는 것이고, 요약하는 것은 자신의 것으로 만들어 내는 것이며, 추진하는 것은 결과물을 만드는 것이다. 이를 감정에 비유하면 다른 감정서를 활용해 자신의 감정서를 쓰는 것이다. 그리고 내가 생각하는 일류는 좋은 것을 이해하기 쉽게 쓸 수 있는 사람이다.

2025년 1월

손 은성

차 례

※ 감정서 사례 중 좌측 제목은 바람직하지 않다고 여겨지는 경우임.

제 1 장

건설소송과 감정

민사소송 중 건설소송과 의료소송은 전문소송에 해당된다. 이들 소송의 목적은 원인을 밝혀 이로 인한 손해를 보상 또는 배상받는 것이다. 의료소송의 경우 장애등급이나 적용기준이 상당부분 정립되어 있다. 그러다 보니 쟁점은 주로 발생 원인에 대한 책임이 누구에게 있는지를 확인하는 것이다. 반면 건설소송은 정립된 기준이 없고 다투는 대상과 원인이 다양하다. 행정소송을 제외한 건설소송 대부분은 계약이나 시공된 상태를 근거로 발생하며 모두 돈과 관련되어 있다. 하지만 당사자들이 주장하는 금액은 차이가 크다. 계산방법과 적용기준이 각기 다르기 때문이다. 그렇기 때문에 제3자인 감정인을 통해 타당한 금액을 확인해 판단근거로 활용코자 감정을 한다.

I. 건설소송의 특성

1. 복합성

건설소송은 다투는 사항이 많으며 관계가 복잡하다. 건설은 건축, 토목, 설비, 전기, 조경, 인테리어 등 각각의 공종별로 하는 일이 다른데 건축물은 이들 성과물이 결합되어야만 목적한 기능을 갖출 수 있기 때문이다. 그러다 보니 참여하는 사람이 많고, 이해관계가 복잡하며, 공사 중에도 다툼이 많다. 그리고 공사가 끝난 후 하자가 발생하더라도 누구에게 책임이 있는지 판단하는 것이 쉽지 않다. 원인이 복합적이기 때문이다. 더욱이 공사시점과 발생시점의 차이가 클수록 인과관계를 구분하기 어렵다.

2. 전문성

건설소송에서 쟁점과 관련한 주장이 사실인지, 그 주장이 타당한지, 계약조건이나 관련규정에 부합되는지, 시공 과정에서 절차적 미비나 위법은 없었는지 등을 판단하기 위해서는 건축에 대한 전문지식은 물론 관련공종전반에 대한 이해와 관련법규나 시중관행 등 실무적인 전문성도 필요하다. 전설한 바와 같이 여러 공종이 관련되어 있으며 과정 또한 복잡하기 때문이다. 게다가 시공 중 발생하는 다양한 상황을 임기응변으로 대처하거나 상호이해를 통해 절차를 거치지 않고 문제를 해결하는 경우도 많다. 하지만 소송이 시작되면 그간의 이해와 융통성은 위법이나 계약위반으로 주장되기 때문이다.

3. 증거의 부족 및 확인방법의 한계

소규모 공사의 경우 구두계약이 많으며 계약서가 있더라도 계약범위가 불분명한 경우가 많다. 그리고 공사비를 확정하지 않고 계약이 이루어지기도 한다. 이처럼 계약의 범위나 금액이 확정되지 않은 상태에서 계약이 성립되었을 경우 소송에서 당사자들 주장은 일치하지 않기 마련이다. 게다가 회의록이나 작업지시서 등 공사 중 발생한 일들을 확인할 수 있는 자료 또한 없는 경우가 많다. 대규모공사라 하더라도 공사가 끝나면 자료를 폐기하는 경우가 많으며 당사자와의 입장(하도급업체, 임직원 등)으로 인해 자료제출을 기대할 수 없는 경우도 있다.

건설소송에서 당사자들 주장이 사실인지 판단하기 위해서는 다툼이 되는 대상, 즉 건축물의 상태를 확인해야 한다. 하지만 기초처럼 매립 또는 은폐된 부위는 확인이 어렵거나 불가능한 경우도 있다. 이럴 때는 부득이 시공사진이나 감리보고서 등을 활용하여 상황을 유추할 수밖에 없다. 하지만 자료가 있더라도 누가 보유하고 있느냐에 따라 상황은 달라질 수 있다. 혹여 철거를 통해 상태를 확인할 수 있더라도 범위가 부분적일 수밖에 없어 이를 전체에 적용하기에는 한계가 있다.

4. 복잡한 법규

건설소송에서는 사실을 확인하는 것만큼 법규를 해석하고 적용하는 것 또한 쉽지 않다. 건물의 종류나 지역에 따라 적용되는 법규가 차이가 있으며 기준이 다른 경우도 있기 때문이다. 이는 건설과 관련된 법규가 다른 분야에 비해 복잡하게 세분화되어 있으며 무분별한 개정으로 인해 법률상호간 일관성이 부족하기 때문이다.

5. 감정의 중요성

건설소송에서 전문가인 감정인의 역할은 매우 중요하다. 감정결과를 근거로 판결이 이루어지기 때문이다. 대부분의 건설소송은 확인된 사실 또는 추정에 따라 산출한 감정금액에 근거해 판결금액이 결정된다. 하지만 법관이나 소송대리인이 그 금액을 산출할 수 없다. 수량과 단가에 상태를 고려하여 금액을 산출하려면 건설 전반에 관한 전문지식이 필요하기 때문이다. 이것이 건설감정과 다른 감정의 가장 큰 차이점이다. 다른 감정처럼 사실을 확인하는 것만으로는 건설소송을 해결할 수 없기 때문이다.

Ⅱ. 건설소송 유형

건설소송에서 다투는 대상은 일의 양, 손해, 책임과 권리다. 이를 다투는 사람과 세부 내용으로 구분하면 다음과 같다.

첫째, 건설공사와 관련하여 공사수급인이 공사도급인을 상대로 하는 소송이다. 완료된 공사의 경우 공사비, 공사가 중단되었거나 계약이 해지된 경우 기성고공사비, 설계변경 또는 추가공사로 인한 추가공사비 및 노임을 청구하는 소송이다.

둘째, 건설공사와 관련하여 공사도급인이 공사수급인을 상대로 하는 소송이다. 발생된 하자에 대해 하자보수에 갈음하는 손해배상, 공기지연에 따른 지체상금, 미시공 등에 대한 부당이득금을 청구하는 소송이다.

셋째, 건설공사와 관련된 책임에 대해 건축주나 시공관계자가 보증기관 등을 상대로 보증금을 청구하는 소송이다.

넷째, 건설공사와 관련되었으나 공사관계자 이외의 제3자가 청구하는 소송이다. 공사 및 계약과 관련된 위법행위에 대한 손해배상청구소송과 해당 공사로 인해 자신의 건물 등에 피해가 발생된 경우의 인접지 피해, 일조권 및 조망권 침해 등 소송이다

다섯째, 건설공사 외 계약관계에서 발생하는 소송이다. 임차인과 임대인의 권리 및 의무와 관련된 유익비와 원상복구비, 설계 및 감리용역과 관련한 용역비, 설계도서의 저작권에 대한 권리, 인허가 지연에 따른 손해배상 등을 청구하는 소송이다.

1. 기성고공사비

공사비관련 소송 중 대표적인 것으로 공사가 중지되었거나 계약이 해제될 경우 발생한다. 건설공사계약은 일반적인 계약해제와 달리 소급효가 인정

되지 않는다. 인정될 경우 수급인 및 사회적 손실이 크기 때문이다. 이에 공사중단 또는 계약해제시 해당 시점까지 시공된 수량을 확인하는 것이 중요하다. 일이 완성된 만큼 공사비 지급이 이루어져야 하기 때문이다.

2. 추가공사비

건설공사계약에서 계약서를 작성하거나 구두계약이더라도 일의 완성에 대한 계약금액이 존재하며 총액계약이 일반적이다. 하지만 간혹 계약기준 설계도서(도면, 내역서, 시방서 등)가 없어 공사범위(종류, 수량, 수준 등)를 구분하기 어려운 경우가 있다. 그러다 보니 시공자는 당초 예상했던 공사비(실행금액)를 초과하거나 손해가 발생할 경우 추가공사비를 주장하게 된다.

대법원은 추가공사비에 대해 추가공사사실 및 당사자들의 추가공사비 지급합의 등을 확인하여 지급의무를 판단해야 한다고 제시하였다.[1] 이에 따라 추가공사비가 인정되는 것은 첫째, 당초계약에 포함되어 있는 업무량(수량)이 증가한 경우 둘째, 당초계약에 포함된 업무의 수준(품질)이 상향된 경우 셋째, 당초계약에 포함되지 않은 업무(신규항목)를 수행한 경우 넷째, 발주자 귀책 또는 기타 사유로 공사기간이 연장되어 직접공사비 외 추가적인 지출(간접비)이 발생한 경우다.

3. 노무비

노무비청구는 도급계약뿐만 아니라 건축주가 직접 시공하는 직영공사에서 주로 발생한다. 노무비청구소송에서 쟁점은 노무일수와 노임단가다. 직영공사는 노무계약이 구두로 이루어지는 경우가 많다. 그리고 업무범위에 대한

---

1 대법원 2006. 4. 27. 선고 2005다63870판결

기준과 계약기간이 불분명하고 시중노임단가와 공인노임단가 차이로 인해 당사자들의 주장이 일치하지 않는 경우가 많다. 작업자들 또한 작업일보나 작업지시서 등 관련근거를 관리하지 않아 작업일수나 작업내용 등을 입증하기 어려운 경우가 많다.

4. 하자보수비

민법 제667조 수급인의 담보책임에 따르면 완성된 목적물 또는 완성 전 성취된 부분에 하자가 있을 경우 도급인은 수급인에 대해 상당기간 그 하자의 보수를 청구할 수 있다. 하자가 중요하지 않은 경우 그 보수에 과다한 비용이 필요한 때에는 그렇지 않고 도급인은 하자의 보수에 갈음하거나 보수와 함께 손해배상을 청구할 수 있다. 소송상 '하자'는 기술적 결함이나 불편 그 자체와 같은 사실은 물론 소송에서 제기되는 '하자보수청구권'이나 '손해배상 청구권' 같은 '법률효과'를 발생시키기 위한 것들이다. 따라서 하자보수책임범위를 구분하는 것은 물론 발생시점과 원인도 쟁점에 해당한다.

하자소송은 주로 공사가 완료된 시점에 공사도급계약당사자 사이에서 발생하거나 하자발생의 원인제공자와 피해자 사이에서 발생하는 것이 대부분이다. 그리고 하자보수이행증권과 관련하여 건축주와 보증보험회사 사이에 발생하는 경우와 인접건물 공사로 인해 발생한 하자에 대해 공사관계자(시공자 및 건축주)와 해당 건물 소유주 사이에서 발생하는 경우도 있다.

5. 지체상금

공사가 지연되면 건축주와 시공자 모두에게 손해가 발생한다. 그중 건축주가 받게 될 손해를 보전하기 위한 것이 지체상금이다. 공사도급계약에서 '지체상금'약정은 수급인이 일의 완성인 '건물 준공'을 지체한 것에 대한 '손

해배상액의 예정'을 의미한다.[2]

지체상금은 지체일수를 산출하는 것이 중요하다. 계약조건과 공사 중 발생된 일들을 종합적으로 검토하여 지체일수를 산정해야 한다. 공사지연의 책임이 발주자에게 있거나 천재지변 등 불가피한 사항으로 인해 공사가 지연될 수 있기 때문이다. 그리고 명확한 작업지시에 따라 공사가 중단되고 재개되었더라도 이로 인해 작업효율이 저하될 수 있으므로 중단기간과 지연기간에 차이가 있을 수 있다.

6. 부당이득금

법률상 원인 없이 타인의 재산 또는 노무로 인해 이익을 얻거나 타인에게 손해를 가한 자는 그 이익을 반환하여야 한다는 민법취지에 따라 권리자가 '부당이득'을 얻은 자에게 반환을 청구하는 것이다.

공사비관련 부당이득금은 추가공사비와 반대되는 개념이다. 도급인이 지급한 공사비가 미시공이나 변경시공으로 인해 성과보다 많다고 판단될 때 정산개념의 차액을 부당이득으로 주장한다. 이 밖에 임대아파트 분양전환금 또는 재건축아파트 분양가에 책정된 건축비가 과다한 것으로 여겨지는 경우 부당이득금반환청구소송이 발생하고 있다.

7. 보증금

우리나라는 계약을 비롯해 공사기간 동안 발생하는 시공자책임 중 다수를 보증보험으로 대체하고 있다. 공사이행을 비롯하여 하자보수책임까지 보증사가 발행하는 증권으로 대체할 수 있기 때문이다. 하지만 보험회사로부터

---

2 대법원 2002. 9. 4. 선고 2001다1386판결

증권금액을 받는 것은 쉽지 않다. 그래서 대부분의 경우 소송을 통해 보증금을 청구하고 있다. 대표적인 것이 공동주택 하자보수보증금 청구소송이다.

8. 위법행위

설계자 또는 시공자의 위법행위로 인해 건축주에게 피해가 발생하는 경우가 있다. 건축법에 따르면 설계자는 국토교통부고시 설계도서 작성기준에 따라 설계도 등을 작성해야 한다.[3] 그리고 법규나 기준에 부합되지 않는 설계로 건물이 갖추어야할 요건을 만족시키지 못할 경우 설계자에게는 불법행위에 대한 책임이 있다. 이 밖에 설계자격이 없는 자가 설계한 경우 또한 계약 및 설계의 유효성과 관련한 문제가 발생한다.[4]

시공자는 계약도면에 근거해 시공해야 하는데 이 경우 도면은 적법하게 작성되었음을 전제로 한다. 문제는 상기 사유들로 설계도서가 잘못 작성되었을 경우다. 이와 관련해 건축법에는 시공자에게도 설계도서 검토의무를 부여하고 있다.[5] 하지만 시공자는 설계전문가가 아니기 때문에 확인에 한계가 있다. 그러다 보니 잘못된 설계도서로 문제가 발생할 경우 소송이 발생한다.

---

3 건축법 제23조(건축물의 설계)
② 설계자는 건축물이 이 법과 이 법에 따른 명령이나 처분, 그 밖의 관계 법령에 맞고 안전·기능 및 미관에 지장이 없도록 설계하여야 하며, 국토교통부장관이 정하여 고시하는 설계도서 작성기준에 따라 설계도서를 작성하여야 한다. 다만, 해당 건축물의 공법 등이 특수한 경우로서 국토교통부령으로 정하는 바에 따라 건축위원회의 심의를 거친 때에는 그러하지 아니하다.

4 법률행위 내용의 중요 부분에 착오가 있다하기 위해서는 표의자에 의하여 추구된 목적을 고려하여 합리적으로 판단하여 볼 때 표시와 의사의 불일치가 객관적으로 현저하여야 하는바, 원심이 판시한 바와 같이 이 사건 설계용역에서 건축사 자격이 가지는 중요성에 비추어 볼 때, 피고가 원고에게 건축사 자격이 없다는 것을 알았더라면 피고만이 아니라 객관적으로 볼 때 일반인으로서도 이 사건과 같은 설계용역계약을 체결하지 않았을 것으로 보이므로, 이 사건에서 피고 측의 착오는 중요한 부분의 착오에 해당한다고 할 것이다. 대법원 2003. 4.11. 선고 2002다70884판결

5 건축법 제24조(건축시공)
③ 공사시공자는 설계도서가 이 법과 이 법에 따른 명령이나 처분, 그 밖의 관계 법령에 맞지 아니하거나 공사의 여건상 불합리하다고 인정되면 건축주와 공사감리자의 동의를 받아 서면으로 설계자에게 설계를 변경하도록 요청할 수 있다. 이 경우 설계자는 정당한 사유가 없으면 요청에 따라야 한다.

9. 인접지 피해

공사 중 발생하는 소음, 분진, 진동으로 인접건물이 기울거나 균열 등 하자가 발생하여 건물과 거주자에게 피해가 발생할 경우 당사자들은 손해배상을 청구한다.

공사 중 발생하는 피해 대부분은 시공이 원인인 경우가 많다. 하지만 기상 또는 지반상황 등으로 발생하는 경우도 있으며 해당 건물의 노후정도에 따라 피해규모가 달라진다. 그러다 보니 시공자가 발생책임을 부인하여 소송으로 진행되는 경우가 대부분이다.

10. 일조·조망권 침해

인접대지에 신축되는 건물로 인한 일조량 감소나 경관이 달라지는 것에 대한 피해를 소송을 통해 주장하는 경우다. 일조권은 주로 언덕이나 구릉지에 위치한 주택가나 학교주변 신축공사 현장에서 발생한다. 조망권은 경관이 수려한 곳 등에 건물이 신축될 때 주로 발생하고 있다.

11. 유익비·원상복구비

건물을 임대할 때 계약조건에 포함된 임차인의 원상복구의무에 따라 임대인은 이에 소요되는 비용을 원상복구비로 청구한다. 반면 임차인은 임차기간에 자신의 비용으로 해당 부동산을 이용하거나 개량하기 위해 투입한 것에 대해 임대인에게 유익비를 청구한다.

12. 용역비

건축설계나 감리업무도 건축공사와 같이 일의 완성을 전제로 계약이 이루어진다. 하지만 건축공사는 도급계약이며 설계·감리업무는 용역계약이다. 설계나 감리 등 업무가 완료되었을 경우 용역비 미지급은 채무불이행에 해당되며 업무가 중단 또는 해지된 경우는 정산에 해당한다. 간혹 공사계약에서와 같이 설계비를 결정하지 않고 설계를 진행한 경우에도 소송이 발생하고 있으며, 추가공사비처럼 당초 용역범위를 초과하는 수준의 설계변경이 발생한 경우 설계자가 발주자를 상대로 용역비소송을 제기한다.

13. 설계 등 저작권

설계도서 저작권과 관련한 소송은 설계용역이 해제되는 과정에 설계자 동의 없이 제3자에게 해당 성과물을 토대로 유사한 설계를 진행시켰을 경우 최초설계자가 발주자나 제3자를 상대로 권리를 주장하는 소송이다.

14. 인·허가 지연

건축공사는 시공과 더불어 인·허가 등 행정절차이행이 수반되어야 한다. 행정절차를 이행하는 데는 상당한 시간과 노력이 소요되며 당초 예상한 시간을 초과할 경우 비용이 증가한다. 그리고 인허가 과정에서 법규해석이나 제반조건 미비로 행정절차가 지연 또는 중단될 경우 문제가 발생할 수 있다. 지연기간동안 관련규정이 바뀌어 당초 예상했던 계획을 변경해야 하거나 선행행위가 불법이 되는 경우다. 이 밖에 인·허가지연으로 준공이 연기될 경우 건축주에게는 입주지연에 따른 계약위반이나 임대수익감소 등 손해가 발생한다. 이와 같은 일이 발생할 경우 건축주는 설계자나 시공자를 상대로 손해배상소송을 제기한다.

Ⅲ. 감정의 의미

감정鑑定의 사전적 의미는 두 가지다. 사물의 특성이나 참과 거짓, 좋고 나쁨을 분별하여 판단하는 일반적 의미와 재판과 관련된 특정한 사항에 대해 그 분야 전문가의 의견과 지식을 확인하는 법률적 의미다. 이 중 법률적 의미에 해당하는 소송감정訴訟鑑定(이하 감정)에 대해 법원은 "감정鑑定이란 법관의 판단능력을 보충하기 위하여 전문적지식과 경험을 가진 자로 하여금 법규나 경험칙 또는 이를 구체적 사실에 적용하여 얻은 사실판단을 법원에 보고하게 하는 증거조사이다."[6]로 정의하고 있다.

감정은 증인과 함께 인증人證에 해당한다. 소송법상 감정은 감정증인을 통한 증거조사방법이므로 법관의 판단에 따라 증거로서 가치가 인정되지 않을 수 있다.[7] 증인은 자신이 경험한 사실을 보고하는 것이므로 대체성이 없다. 하지만 감정은 감정인의 전문지식과 경험에 따른 의견을 확인하는 것이므로 증인과 달리 대체성이 있다. 따라서 증인이 자연인에 한정되는 것에 비해 감정은 공공기관, 학교, 기타 단체 등을 통해서도 할 수 있다.

감정인이 작성한 감정서는 서증에 해당하지 않는다. 감정은 의견이므로 감정인에 따라 결과가 다를 수 있고 감정인의 지식과 경험에 오류가 있을 수 있기 때문이다. 이에 법관은 자유심증주의원칙에 따라 전문가 의견으로서 증거방법의 하나인 감정결과에 구속되지 않고 증거가치를 판단할 수 있다. 반면, 소송당사자에 의해 작성된 감정서(사감정보고서)는 서증에 해당되므로 합리적일 경우 사실인정의 자료가 될 수 있다.[8] 다만, 사감정보고서는 상대당

---

6 법원행정처, 법원실무제요 민사소송[Ⅲ] (2017). 1486
7 민사소송법 제340조 (감정증인), 형사소송법 제179조 (감정증인)
　특별한 학식과 경험에 의하여 알게 된 사실에 관한 신문은 증인신문에 관한 규정을 따른다.
8 대법원 1999.7.13. 선고 97다57979 판결

사자의 기피 및 신문권이 보장되지 않은 상태에서 당사자일방의 주도아래 작성된 것이므로 전제사실이나 판단기준이 법관이 인정하는 사실에 부합되지 않을 수 있다.

Ⅳ. 감정의 유형

1. 제1유형

감정인을 통해 전문지식만 확인하는 감정이다. 쟁점사항 중 객관적이고 과학적인 사실 또는 통례, 용어설명, 결로가 발생하는 조건, 거푸집 존치기간 등과 같이 감정사항이 확인되면 법관이 사안을 판단할 수 있는 경우 이루어진다.

2. 제2유형

법관이 증거와 일상의 경험칙 및 자유심증을 바탕으로 인정한 전제사실을 제시하면 감정인은 이에 대해 전문지식과 경험칙을 적용하여 결론을 도출하는 감정이다. 건축물에 침하, 누수 등이 발생되었을 경우 법관은 이를 하자로 전제하고 감정인에게 원인이 무엇인지 도출하게 하는 감정이다.

3. 제3유형

법관이 감정인을 통해 전제사실은 물론 이에 따른 결론까지 확인하는 감정으로 전제사실을 규정하는 것부터 전문지식이 필요한 경우다. 하자의 경우 발생여부는 물론 정도를 확인하는 것에도 전문지식이 필요한 경우가 있다. 건물이 외관상 이상이 없으나 실험ㆍ검사ㆍ진단결과 하자상태일 수 있기 때문이다. 이와 같은 경우 법관이 전제사실 즉 하자여부를 판단할 수 없다. 이에 감정인을 통해 전제사실은 물론 이에 대한 의견까지 확인하는 감정이다.

4. 제4유형

제2유형과 제3유형이 혼합된 감정이다. 법관이 경험칙에 따라 인정할 수 있는 전제사실과 감정인의 전문지식을 통한 인정이 필요한 전제사실이 병합되어 있는 경우다. 감정인을 통해 확정된 전제사실에 대한 원인과 정도를 확인하고, 확정되지 않은 것에 대해서는 감정인이 주도적으로 자료수집·조사를 통해 인식한 사실과 전문지식을 기초로 쟁점사항에 대해 확인하는 감정이다.

V. 감정의 전제

감정은 전문분야에 대해 법관의 판단능력을 보충하기 위해 법관의 보조자에 해당하는 감정인을 통해 이루어지는 것이므로 다음과 같은 사항을 전제로 한다.

1. 전문성

감정은 해당 분야에 대한 지식과 경험 등 전문성을 가진 감정인을 통해 이루어져야 한다. 법관의 일반적인 지식과 경험으로 쟁점과 관련된 사항을 판단할 수 있다면 감정은 필요하지 않다. 하지만 건설이나 의료 등 전문소송의 경우 질문내용은 물론 주장의 사실여부조차 판단하기 어려울 때가 많다. 비전문가에겐 해당분야 용어부터 익숙하지 않고 관련내용을 이해하는 것 또한 쉽지 않기 때문이다. 설사 법관이 해당분야에 대한 전문지식을 갖고 있다 하더라도 소송과정에서 직접 당사자들을 납득시킬 수 없다. 중립을 유지해야 하는 법관으로서 당사자 중 일방의 주장에 부합될 수 있는 내용을 설명하는 것 자체가 상대 당사자에겐 공정하지 않은 것으로 여겨질 수 있기 때문이다.

건설소송에서 필요한 것은 법리적 판단과 더불어 기술적 판단이다. 법리에 대한 전문가는 판사와 대리인(변호사)이며 기술에 대한 전문가는 감정인이다. 대리인의 경우 자신이 적용한 법리가 적절하지 않았다고 판단되면 당초 주장이나 제시한 증거를 철회할 수 있다. 하지만 감정인이 전제사실이 달라지지 않는 상태에서 자신의 의견을 변경하는 경우는 매우 드물다. 스스로 전문성이 부족한 것을 인정하는 것이 되기 때문이다. 그러다 보니 감정결과에 문제가 있는 것을 알게 되어도 수정하지 않는 감정인들도 있다. 문제는 이와 같은 일이 소송당사자들에게 부실감정과 부적격감정인이라는 또 다른 쟁점을 불러와 소송기간을 연장시킨다는 것이다. 사실조회나 재감정을 유발하기 때문이다. 이는 당사자는 물론 감정인에게도 힘든 일이다. 그러므로 감정인은 감정신청사항이 자신의 전문분야가 아니거나 통제범위를 벗어나는 경우 감정을 자제할 필요가 있다.

2. 객관성

소송당사자들이 감정결과에 대해 전문성 다음으로 이의를 제기하는 것은 감정인의 객관성이다. 객관성은 감정결과는 물론 감정인의 행동과 판단근거를 통해 확인된다. 현장조사 시 당사자 일방의 주장만 청취하거나 타당한 이유 없이 그 주장을 판단근거로 적용하고 조사자료 등 당사자들이 확인할 수 있는 근거자료를 감정서에 포함하지 않은 경우다.

감정을 하는 이유는 당사자들의 주장이 주관적이고 소송자료 또한 자신에게 유리한 것들만 제출하므로 이를 확인하여 객관적인 판단근거를 마련하기 위함이다. 그런데 감정결과는 물론 과정이 객관적이지 않다면 감정할 이유가 없다. 감정서작성 시 실수나 오류가 발생될 수 있다. 이와 같은 경우 감정보완을 통해 바로잡을 수 있다. 하지만 감정과정에서 확인된 감정인의 행동은 보완할 수 없다. 그러므로 감정인은 감정인 후보자가 되는 순간부터 해당 소송이 끝날 때까지 객관성을 유지해야 한다.

3. 합리성

감정의 합리성은 전문성과 객관성을 기초로 한다. 감정인의 지식과 경험에 따라 감정방법과 결과에 차이가 있을 수 있다. 하지만 감정결과를 도출하는 과정은 논리적이고 사실과 인과관계에 따라 일관성이 있으며 합리적이어야 한다. 그리고 감정인의 판단은 주관적 느낌에 좌우되지 않아야 한다.[9]

4. 공정성

공정성은 감정인후보자를 선정할 때부터 변론이 종결될 때까지 감정인은 물론 소송관계자 모두에게 필요한 것이다. 소송당사자는 자신의 이익을 추구하기 위해 감정을 신청한다. 그러다 보니 감정과 관련하여 부적절한 요청이나 제안을 하는 당사자도 있다. 하지만 법관의 보조자로서 감정을 수행하는 감정인은 법관 못지않게 공정해야 한다. 간혹 감정을 신청한 당사자가 감정료를 지불하는 것으로 인식하여 공정성을 상실하는 감정인이 있다. 하지만 감정료는 소송이 끝나면 책임비율에 따라 소송당사자 양측이 분담하므로 감정인은 감정신청인의 눈치를 볼 필요가 없다. 아울러 민사소송법에는 감정의 공정성과 관련하여 감정인자격 및 기피요건을 제시하고 감정인에게도 책임을 부여하고 있으므로 주의가 필요하다.[10]

---

9 합리성 결여(감정인소견 사례)

> ☞감정인 소견
> 감정인의 현장조사시 좌측 비상통로 우측 주차장 공사에 대하여 설계도면에 명확하게 표기된 사항이 없으나 현장 여건상 공사를 하여야 하는 관계로 피고와 협의없이 공사를 할 수 없으며, 현장조사시 원·피고가 협의하였던 사항을 느낄 수 있었습니다.

10 민사소송법, 제334조 (감정의무)
② 제314조 또는 제324조의 규정에 따라 증언 또는 선서를 거부할 수 있는 사람과 제322조에 규정된 사람은 감정인이 되지 못한다.
민사소송법, 제314조 (증언거부권)
증인은 그 증언이 자기나 다음 각 호 가운데 어느 하나에 해당하는 사람이 공소제기 되거나 유죄판결을 받을 염려가 있는 사항 또는 자기나 그들에게 치욕이 될 사항에 관한 것인 때에는 이를 거부할 수 있다.
1. 증인의 친족 또는 이러한 관계에 있었던 사람
민사소송법, 제336조 (감정인의 기피)
감정인이 성실하게 감정할 수 없는 사정이 있는 때에 당사자는 그를 기피할 수 있다. 다만, 당사자는 감정인이 감정사항에 대한 진술을 하기 전부터 기피할 이유가 있다는 것을 알고 있었던 때에는 감정사항에 관한 진술이 이루어진 뒤에 그를 기피하지 못한다.

민사소송법, 제338조 (선서의 방식)

선서서에는 "양심에 따라 성실히 감정하고, 만일 거짓이 있으면 거짓감정의 벌을 받기로 맹세합니다."라고 적어야 한다.

형법, 제154조 (허위의 감정, 통역, 번역)

법률에 의하여 선서한 감정인, 통역인 또는 번역인이 허위의 감정, 통역 또는 번역을 한 때에는 전2조의 예에 의한다.

형법, 제152조 (위증, 모해위증)

① 법률에 의해 선서한 증인이 허위의 진술을 한 때에는 5년 이하의 징역 또는 1천만원 이하의 벌금에 처한다.

제 **2** 장

건설감정

건설감정이란 건설소송과 관련하여 법원이 지정한 전문가인 감정인을 통해 이루어지는 감정이다. 감정은 법관의 지시를 근거로 하며 이를 수행하는 감정인에게 기대되는 것은 특별하거나 제한적인 사실판단이므로 전제사실에 따라 감정결과가 달라질 수 있다. 그리고 전제사실이 같더라도 감정인에 따라 감정결과가 다를 수 있다. 감정인의 지식과 경험이 같지 않기 때문이다. 그래서 감정보고서는 서증에 해당하지 않는다. 아울러 소송법상 감정은 '감정증인'[11]을 통한 증거조사방법이므로 법관의 판단에 따라 증거로서 가치가 인정되지 않을 수 있다.

건설소송이 발생하는 이유는 서로 주장하는 것이 다르기 때문이다. 주기로 약속했다는 금액과 받기로 약속했다는 금액이 다르고 수행했다는 일의 양과 완료되었다는 일의 양이 다르다. 그리고 발생된 상황과 원인 및 진행과정에 대한 주장도 일치하지 않는다. 그런데 문제는 법관이 이를 확인할 수 없다는 것이다. 법관이 건설에 대한 전문가가 아니기 때문에 주장의 사실여부는 물론 타당성과 금액의 적정성을 판단하기 어렵다. 하지만 판결을 위해서는 확인과 판단의 근거가 필요하다.

---

11 민사소송법 제340조 (감정증인), 형사소송법 제179조 (감정증인)
   특별한 학식과 경험에 의하여 알게 된 사실에 관한 신문은 증인신문에 관한 규정을 따른다.

Ⅰ. 건설감정의 특성

건설감정의 가장 큰 특성은 감정결과를 돈으로 환산한다는 것이다. 건설을 제외한 대부분의 감정은 사실 또는 진위여부를 확인하거나 이에 따른 책임의 정도를 추정하기 위해 감정인을 통해 관련사항을 '확인'하고 이에 대한 '의견제시'를 목적으로 한다. 그런데 건설감정은 이와 더불어 확인한 것을 기준으로 소요된 것으로 여겨지거나 소요될 것으로 여겨지는 돈을 산출하는 것까지 목적에 포함된다. 건설소송의 궁극적 목적이 돈을 결정하는 것이기 때문이다.

금액을 산출하기 위해 필요한 것은 수량과 단가 두 가지다. 이 중 수량은 도면과 상태를 기준으로 산출할 수 있다. 문제는 단가다. 계약내역서가 있는 경우 내역서단가를 기준으로 금액을 산출하면 된다. 하지만 내역서가 없거나 내역서가 있더라도 변경 또는 추가시공과 같이 계약시점의 단가가 없는 경우 적정한 단가를 산출해야 한다. 하자보수비의 경우 하자의 정도에 따라 보수방법이 달라진다. 그리고 보수방법에 따라 단가가 달라진다. 문제는 감정인에 따라 하자의 정도는 물론 보수방법을 다르게 적용한다는 것이다. 그러다 보니 동일한 감정사항이라도 감정인에 따라 감정금액에 차이가 발생한다. 하지만 그럼에도 불구하고 감정을 하는 것은 당사자들이 자신의 이익을 전제로 산출한 금액을 판결근거로 적용할 수 없으며 법관이 금액을 산출할 수 없기 때문이다. 감정종류별 감정내용과 산출기준 유무는 다음과 같다.

표 1. 감정별 감정내용 및 산출기준

구분	감정내용			산출기준	비고
	확인	판단	산출		
공사비 등 감정	●	●	●	-	산출기준, 산출방법 없음
시가, 경매 감정	●	●	○	○	공시지가, 감가율 등 공인기준 있음
측량 감정	●	-	-	-	
문서 등 감정	●	●	-	-	
신체, 진료기록 감정	●	●	-	-	

II. 건설감정 유형

대부분의 건설감정은 소송유형에 귀속된다. 하지만 경우에 따라 일치하지 않을 때도 있다. 공사비청구소송에서 하자보수비감정을 하거나 부당이득금반환청구소송에서 추가공사비감정을 하는 경우 또는 보증금반환청구소송에서 원상복구비나 유익비를 감정하는 경우다. 건설감정은 소송쟁점은 물론 파생되는 것에 대해서도 이루어지기 때문이다.

1. 공사비감정

공사비감정은 계약내용과 시공(상태, 수량, 품질 등)이 다르기 때문에 발생한다. 당초 계약금액과 공사범위가 확정되지 않았거나 확정되었더라도 추가 또는 변경시공으로 달라졌기 때문이다. 계약대비 시공이 증가되었을 경우 '추가공사비'를 산출한다. 공사가 중단되었거나 계약이 해지되었을 경우 시공된 부분에 대해 '기성고공사비'를 산출한다. 그리고 계약금액을 확정하지 않고 공사가 진행되었을 경우 상태를 기준으로 '적정공사비'를 산출한다. 이 밖에 공사기간과 관련하여 '간접비'를 산출한다.

2. 하자감정

하자감정은 건축물에 발생된 하자로 인한 손해를 확정하기 위해 하자의 존재여부, 발생원인과 범위 및 정도를 확인하여 보수비를 산출하는 것이다. 하자보수비는 하자의 정도와 보수방법 및 적용범위에 대한 감정인의 적용기준에 따라 달라질 수 있다. 그리고 발생원인과 시점에 따라 책임주체가 달라질 수 있으므로 이를 구분해야 하는 경우도 있다.

3. 건축피해감정

건축피해감정은 인접지공사로 건물 등에 피해가 발생한 경우 원인을 확인하여 보수비를 산출하는 것이다. 피해유형으로는 지반 및 건축물에 발생한 침하, 균열, 누수, 소음 등으로 주로 터파기 과정에 발생한다. 이 밖에 공사가 완료된 후 건물을 사용하는 과정에서 지하수유출에 따른 인접건물침하, 외벽 마감재나 조명 등으로 인한 빛 공해나 냉방부하증가 등이 해당한다.

4. 유익비 · 원상복구비감정

임차인이 자신의 비용으로 임차기간에 시설물을 개량하였을 경우 계약 종료나 해지 시 해당금액을 청구하기 위해 '유익비' 감정을 한다. 반면 임대인이 임차인이 변경시킨 상태에 대해 원상복구를 주장할 때 '원상복구비'감정을 한다. 이들 감정금액에는 상태 및 시간에 따른 노후정도를 반영한다.

5. 건축측량 · 상태감정

불법건축물현황 및 건축물상태를 확인할 필요가 있을 때 하는 감정이다. 분양면적이나 인접건물이 대지경계선을 침범한 것을 확인할 때와 건물명도 관련 미등기시설물의 점유확인 등이 필요할 때 '측량감정'을 한다. 이 밖에 공사의 진행정도, 시공기준이나 관련법규 준수여부 및 일조 · 조망 등과 관련하여 확인이 필요할 때 이루어진다.

6. 설계비 등 용역비감정

설계 · 감리용역을 진행하는 과정에서 계약이 해지되거나 변경되어 분쟁이 발생할 경우 용역비감정이 이루어진다. 감리비는 기간에 대한 비용이므로 업무가 중단되더라도 정산이 용이하다. 하지만 설계비는 성과에 대한 계약이므로 중단될 경우 정산이 쉽지 않다. 설계의 성과물(내용 및 설계도서)을 정

량적으로 환산하는 것부터 쉽지 않기 때문이다. 설계비감정은 공사비정산과 유사한 개념으로 용역범위 중 완성된 설계량을 산출해야 한다. 공사비의 경우 시공된 상태를 확인할 수 있으므로 산출이 용이하다. 하지만 설계비는 작성된 설계도서 외 인허가 등 단계별 업무에 대한 평가도 필요하다. 따라서 감정인에게는 설계업무 전반에 대한 이해와 경험이 필요하다.

7. 공기工期감정

공기연장에 따른 지체상금 및 간접비 산정을 위한 '공기감정'은 건설감정 중 설계비감정과 더불어 난이도가 높다. 건축에 대한 전문지식과 시공경험은 물론 타 공종과의 연관관계 등 공사전반에 관한 이해가 필요하기 때문이다. 간혹 공정관리프로그램을 이용해 산출된 공사기간을 기준으로 계약이 이루어져 해당 프로그램을 활용하는 것을 전제로 감정을 신청하는 경우가 있다. 이와 같은 경우 감정인에게 프로그램에 대한 이해나 운용능력이 없다면 감정을 수행하는데 한계가 있다.

8. 설계유사도감정

설계용역계약이 해지되었는데 당초 설계자 동의 없이 제3자에게 해당 설계 도서를 기초로 유사한 설계를 진행하였을 경우 '설계유사도감정'을 한다. 이 또한 난이도가 높은 감정으로 건축사자격이 없거나 실무경험이 부족한 감정인이 수행할 경우 감정결과를 신뢰하기 어렵다.

9. 기타 감정

토목이나 플랜트설비 및 환경과 관련한 쟁점에 대해 확인이 필요한 경우 법원에 등록된 감정인 또는 '특수감정인'을 통해 감정이 이루어진다.

Ⅲ. 건설감정 기준

감정은 감정인의 지식과 경험에 근거한 것이므로 감정방법이나 판단기준을 제시하는 것은 어려울 뿐 만 아니라 적절하지 않을 수 있다. 감정방법은 사실을 확인하는 것부터 금액산출 까지 모든 행위를 의미하며 감정시점의 상황과 감정인의 경험에 따라 달라질 수밖에 없다. 하지만 동일한 감정사항에 대한 감정금액 차이가 감정인마다 적용기준이 다르기 때문이라면 문제다.

건설감정과 관련하여 인정되고 있는 것은 대법원 판례에 따른 기성고공사비산출기준뿐이다. 그런데 공동주택 하자소송이 시작되며 감정금액과 관련해 많은 문제가 제기되었다. 동일한 항목에 대해 감정인에 따라 감정금액차이가 큰데 그 이유가 적용기준이 다르기 때문이었다. 이를 해결하기 위해 서울중앙지방법원은 건축물하자판단 및 감정기준인 「건설감정실무(2011)」, 「건설감정실무추록(2015)」 및 「건설감정실무개정판(2016)」을 제시하였고, 국토교통부도 「공동주택하자의 조사, 보수비용 산정방법 및 하자판정기준」을 제시하였다.

1. 기성고공사비 산출 대법원 판례

기성고공사비는 공사가 중단되거나 계약이 해지될 경우 그 시점까지 이루어진 시공량과 계약물량에 대한 비율을 계약금액에 반영한 것이다. 하지만 일부 시공자는 작위적인 '기성율'에 따라 산출된 금액이나 투입비용 전체를 기성고공사비로 주장하여 다툼이 발생하고 있다. 이에 대법원은 판례를 통해 기성고공사비 산정에 기준이 되는 '기성고 비율' 산출방법을 제시하였다.[12]

---

[12] 대법원 1992. 3. 31. 선고 91다42630판결등 다수
"건축공사도급계약에 있어 수급인이 공사를 완성하지 못한 상태로 계약이 해제되어 도급인이 기성고에 따라 수급인에게 공사대금을 지급해야 할 경우, 공사비 액수는 공사비지급방법에 관

하지만 상당수의 감정인이 대법원 판례취지와 다른 방법으로 기성고공사비를 산출하고 있어 문제가 되고 있다.

$$기성고\ 비율(\%) = \frac{기시공\ 부분에\ 소요된\ 공사비}{기시공\ 부분에\ 소요된\ 공사비\ +\ 미시공\ 부분에\ 소요될\ 공사비}$$

기성고 공사비 = 기성고 비율(%) × 계약금액

2. 서울중앙지방법원 건설감정실무

하자소송의 경우 하자담보책임의 핵심인 하자의 존재여부를 확인하고 그 정도를 판단하는 것은 물론 보수비 산출까지 감정인에게 의존한다. 그런데 유사한 사건에서 동일한 현상에 대해 감정인마다 하자의 정도에 대한 판단 및 보수비 산출기준이 달라 감정금액차이가 클 경우 문제가 된다. 어떤 감정인의 경우 동일한 하자에 대해 사건별로 적용기준이 달라 당사자들이 감정결과는 물론 감정인에 대해 이의를 제기한 경우도 있다.

서울중앙지방법원은 이와 같은 문제의 원인이 감정기준, 즉 하자판단 및 보수비 산정기준이 없기 때문이라 여겨 2011년 공동주택하자감정을 중심으로 건설감정기준과 감정서 작성방법에 대한 「건설감정실무」를 제시하였다. 여기에는 하자의 개념과 유형 및 관련법규 등 감정 시 감정인이 고려해야 할 법리적 판단기준과 더불어 감정유의사항 외 판단기준과 보수방법 및 보수비

하여 달리 정한 경우 등 다른 특별한 사정이 없는 한 당사자 사이에 약정된 총공사비에 공사를 중단할 당시 공사의 기성고비율을 적용한 금액이고, 기성고 비율은 공사비 지급의무가 발생한 시점을 기준으로 하여 이미 완성된 부분에 소요된 공사비에다 미시공부분을 완성하는데 소요될 공사비를 합친 전체 공사비 가운데 완성된 부분에 소요된 비용이 차지하는 비율"

산출방법 등 공동주택 하자소송을 비롯하여 건설감정 전반에 활용할 수 있는 기준이 제시되어 있다.

「건설감정실무」에 따라 감정할 경우 하자판단 및 보수비 산출기준이 같으므로 발생유형과 원인이 같은 하자에 대한 감정금액 편차가 줄어든다. 이로 인해 공동주택 하자소송 감정결과에 대한 불신과 사실조회 또한 줄어 소송기간이 단축되는 효과가 발생되었다. 이에 서울중앙지방법원은 변경된 하자판단기준 및 보수기준 등을 반영한 「건설감정실무추록(2015)」과 「건설감정실무개정판(2016)」을 제시하였다.

3. 국토교통부 하자판단기준

국토교통부는 2009년 공동주택 하자분쟁을 신속하게 해결하고자 '하자심사 · 분쟁조정위원회'를 신설하였다. 그리고 2014년 국토교통부고시 제2013−930호를 통해 「주택법」 제46조제8항 및 같은 법 시행령 제60조의3제3항에 따라 국토교통부 하자심사 · 분쟁조정위원회에서 공동주택의 내력구조부별 및 시설공사별로 발생하는 하자의 심사 및 분쟁조정을 위해 하자여부판정, 하자조사방법 및 하자보수비용 산정에 관한 기준을 정하는 것을 목적으로 「공동주택하자의 조사, 보수비용 산정방법 및 하자판정기준」을 제시하였다. 그리고 최초기준에 언급되지 않았거나 반복된 민원사항, 법원 판례와의 일치 등 운영과정에 확인된 문제점을 세 차례(2015년, 2016년, 2020년)에 걸쳐 보완했다. 2020년 개정된 「공동주택하자의 조사, 보수비용 산정방법 및 하자판정기준」은 기존 항목 중 일부는 「건설감정실무」 기준에 준하도록 개정하고 신규항목을 추가하였다. 하지만 여전히 이들 두 기준에 차이가 있으며 국토교통부 하자판단기준이 소송에서 적용되는 경우는 드물다.

Ⅳ. 건설감정의 의미

건설소송 대부분은 돈과 관련되어 있다. 그리고 당사자들이 주장하는 사실관계, 현상, 보수방법 및 보수비 등 쟁점사항 대부분은 일치하지 않는다. 건축에 대한 지식과 경험의 정도가 다르며 이해관계에 따라 주장하는 금액도 차이가 있다. 하지만 법관이 이와 관련한 모든 것을 직접 확인하거나 공사비 또는 하자보수비를 산출할 수 없다. 그렇기 때문에 소송당사자들과 이해관계가 없는 감정인을 통해 산출된 금액을 쟁점별로 판단하여 판결한다. 이런 의미에서 건설감정은 확인하고 판단하여 환산한 금액에 가격표를 붙이는 것이다.

1. 확인

건설감정의 시작은 확인이다. 감정신청사항을 확인하고, 제출된 자료를 확인하고, 상태 즉 현장을 확인하기 때문이다. 민사소송의 쟁점인 손해 또는 피해는 발생을 전제로 한다. 하지만 대부분의 경우 발생여부부터 당사자들의 주장이 일치하지 않는다. 손해나 피해를 인정하는 기준이 다르기 때문이다. 그러므로 건설감정에서는 발생 여부와 범위 및 정도를 확인하는 것이 중요하다. 하자의 경우 주장하는 현상이 실제로 발생되었는지, 발생된 범위는 어디까지인지 확인해야 한다. 공사비의 경우 쟁점과 관련해 계약서나 근거가 있는지, 실제로 공사가 이루어졌는지 및 범위를 확인해야 한다.

2. 판단

제출된 자료와 현장을 확인했다면 다음은 이를 근거로 판단하는 것이다. 확인한 현상이 하자에 해당하는지, 원인이 무엇인지 판단되어야 적절한 보수방법을 찾을 수 있다. 공사비의 경우 계약범위에 해당하는지, 변경 또는 추가

시공된 것인지 판단해야 한다. 미관상 하자의 경우 그 정도를 판단하는 것이 쉽지 않다. 공사비의 경우 계약과 관련된 서류가 없거나 미비하면 주장하는 공사가 계약범위에 포함되는지 판단하기 어렵다. 이때 작용하는 것이 감정인의 전문지식과 경험이다.

3. 환산

확인한 것들에 대한 판단이 끝나면 이를 금액으로 환산해야 한다. 건물이 완성된 만큼 투입된 수량과 하자로 인한 손해 등을 금액으로 환산하는 것이다. 이를 위해 필요한 것은 수량과 단가다. 수량은 실제 시공된 상태를 기준으로 산출하고 단가는 계약서나 표준품셈 및 시중물가를 확인하여 적용한다.

4. 가격표 붙이기

기성고공사비를 제외한 대부분의 건설감정은 감정금액 총액은 물론 항목별로 구분된 금액이 제시되어야 한다. 사실관계로 인해 항목별 판단이 필요하기 때문이다. 이를 위해 감정금액을 항목별로 구분하고 가격표를 붙이는 것이다.

제 **3** 장

건설감정서

표준국어대사전은 감정鑑定을 '법률 재판에 도움을 주기 위해 재판에 관련된 특정한 사항에 대하여 그 분야의 전문가가 의견과 지식을 보고하는 일'로 정의하고 있다. 따라서 감정인의 업무는 '보고'다.

보고를 하는 방법 중 보편적인 것은 '말'과 '글'이다. 그리고 소송에서는 모든 주장은 물론 증거 또한 글(서면)로 제시된다. 그런데 건설감정은 소송을 전제로 한 것이다. 그러므로 감정인의 업무인 '보고' 또한 '글'로 이루어져야 한다. 따라서 '감정서'는 감정인이 자신의 업무를 보고한 글이다.

건설감정서는 보고서다. 그리고 보고서는 기본적으로 갖춰야 할 것들이 있다. 하지만 감정서 중에는 그렇지 못한 것들이 상당하다. 감정서는 내용과 형식에 따라 4가지로 구분할 수 있다. 내용과 형식 모두 충실한 감정서, 내용은 충실한 것 같은데 형식이 미흡한 감정서, 내용은 다소 미흡하나 형식은 갖춘 감정서, 그리고 내용은 물론 형식조차 갖추지 못한 감정서다. 최선과 최악의 감정서는 쉽게 평가할 수 있다. 문제는 나머지 경우인데 대부분 내용은 다소 미흡하더라도 형식을 갖춘 감정서가 더 높은 점수를 받는다. 형식을 갖춘 감정서는 첨부된 자료를 통해서라도 내용을 유추할 수 있다. 하지만 형식을 갖추지 못한 경우에는 도출된 근거를 확인할 수 없으므로 내용을 신뢰하기 어렵기 때문이다.

감정인이 감정서를 작성하는 방법은 다양하다. 감정인 중에는 현장조사부터 내역서는 물론 감정서까지 직접 작성하는 경우도 있다. 하지만 대부분의 경우 주변의 다양한 도움을 통해 감정서를 작성한다. 공동주택 하자소송의 경우 현장조사나 전문기관을 통한 실험 및 내역서 등에 다양한 도움을 받아 감정서를 작성한다. 그런 의미에서 건설감정은 건축과 매우 유사하다. 코디네이션을 통해 이루어지기 때문이다. 하지만 어떤 경우라도 해당 감정의 중심은 감정인이다. 자신의 이름으로 감정서가 제출되기 때문이다. 그러므로 감정인은 감정서를 통해 평가된다는 것을 잊지 말아야 한다. 그러기 위해 감정인에게는 감정은 물론 감정서에 대한 올바른 인식이 필요하다.

I. 건설감정서 인식

1. 감정서는 보고받을 사람을 위한 것이다.

보고서인 감정서는 보고받을 사람, 즉 법관과 소송당사자를 위한 것이다. 감정서의 정확한 표현은 감정보고서鑑定報告書다. 감정인의 업무가 보고하는 것이고 감정서는 이를 위해 작성하는 것이기 때문이다.

2. 감정서의 형식과 내용은 보고서에 부합해야 한다.

감정서는 보고서로서 형식과 내용을 갖춰야 한다. 감정서에는 감정과 관련된 기본사항은 물론 감정인이 확인한 것과 감정사항에 대한 의견이 포함되어야 한다. 하지만 그렇지 못한 감정서도 많다. 심지어 감정신청사항이 무엇인지조차 제시되지 않은 감정서도 있다. 이와 같은 감정서는 대부분 감정결과가 부실하거나 타당성이 결여된 경우가 많으며 결과가 타당하더라도 과정을 확인할 수 없어 감정에 대한 신뢰는 물론 감정인의 자질까지 의심하게 한다.

3. 감정서는 읽는 사람이 쉽게 이해할 수 있어야 한다.

감정서는 즉독즉해卽讀卽解, 읽으면서 바로바로 이해할 수 있어야 한다. 보고받는 사람인 법관이나 소송당사자가 건축에 대한 전문가가 아니다 보니 기술이나 관행은 물론 용어조차 생소해 이해하기 어려운 경우가 많다. 이에 감정인들 중에는 감정에 적용된 방법이나 전문사항에 대해 용어정의, 주석, 첨부 자료를 통해 보고받는 사람들의 이해를 돕는 경우도 있다. 하지만 가장 좋은 방법은 중학생 이상이면 누구나 이해할 수 있도록 감정서를 쉽게 쓰는 것이다. 불필요한 전문용어나 외래어 사용을 지양하고, 짧은 문장과 간결한 문체를 사용해 이해를 돕는 것이다.

4. 감정서만으로 감정과 관련된 내용을 확인할 수 있어야 한다.

일반보고서와 감정보고서는 차이가 있다. 일반보고서는 상황이나 사실을 설명하는 것이 많으며 보고받는 사람이 내용을 이해할 수 없거나 관련근거가 궁금할 경우 확인이 용이하다. 보고받는 사람과 보고하는 사람의 물리적 거리가 가깝기 때문이다. 하지만 감정서는 그렇지 않다. 감정결과 중 이해되지 않거나 궁금한 사항이 있을 경우 이를 확인하기 위해서는 사실조회 등 절차가 필요하다. 감정인이 법관이나 소송당사자 곁에 있지 않기 때문이다. 그리고 절차에 따라 질문을 하는 데도 노력이 필요하다. 질문이 문서를 통해 이루어져야 하기 때문이다. 그런데 문제는 이와 같은 노력이 법관이나 소송 당사자뿐만 아니라 감정인에게도 요구된다는 것이다. 감정인도 매번 글로 회신해야 하기 때문이다. 사실조회내용이 감정인의견을 확인하거나 전제사실에 따라 감정결과가 달라지는 것이라면 당연히 감정인의 설명이나 그에 따른 결론을 도출해 회신해야 한다. 하지만 감정서를 통해 감정결과가 도출된 근거를 확인할 수 없어 사실조회를 신청한 것이라면 이는 감정서가 부실해서 발생하는 것이다. 이와 같은 불필요한 수고를 줄이기 위해서는 감정서에 다음 사항이 반드시 포함되어야 한다.

가. 조사자료

조사자료는 감정인이 확인한 조사시점의 상태를 기록한 것으로 감정서에 반드시 포함되어야 한다. 감정인은 현장조사를 통해 사실을 확인하고 자료(사진, 동영상 등)를 확보하여 판단근거로 활용하며 법관은 이를 통해 현장상태를 확인할 수 있다. 따라서 조사자료는 감정인은 물론 법관의 판단근거로 매우 중요하다. 간혹 소송 중 현장상태가 악화되거나 소실되어 쟁점을 확인할 수 없거나 위험방지를 위해 소송이 끝나기 전 보수하는 경우가 있다. 이와 같은 경우 조사자료를 통해 소송당시 상황을 확인할 수 있다.

나. 감정결과 도출근거

항목별 감정사항과 감정금액으로 표현되는 감정결과는 내용은 물론 도출근거를 해당 감정서에서 확인할 수 있어야 한다. 전문지식에 근거한 감정인 의견일 경우 인과관계에 대한 설명은 물론 감정인이 적용한 법칙이나 기준을 감정서에서 확인할 수 있어야 한다. 감정금액 또한 마찬가지다. 감정서에는 감정금액 산출근거인 내역서가 반드시 포함되어야 한다.

Ⅱ. 건설감정서 유형

건설감정서는 감정을 통해 확인해야 할 내용이 무엇이냐에 따라 두 가지 유형으로 구분할 수 있다. 감정시점의 상태를 근거로 확인한 사실에 기초한 판단(의견)을 제시하는 것과 이와 더불어 금액을 제시하는 것이다.

불법증축이나 무허가건축물, 저작권에 해당하는 설계유사도 등과 같이 사실여부와 그 정도를 확인하는 감정은 금액을 산출하지 않는다. 그러나 이 외 나머지 감정은 감정인이 사실여부를 확인하고 판단(의견)과 더불어 감정 금액을 산출한다.

표 2. 건설감정유형별 업무범위

감정신청사항	확인&판단	금액산출(환산)	비고
건축측량, 상태	●	–	
설계유사도	●	–	
건축피해	●	●	
공사기간	●	○	지체상금
공사비, 추가공사비, 기성고공사비	●	●	
하자보수비	●	●	
유익비, 원상복구비	●	●	
설계비, 감리 용역비	●	●	

금액을 산출하는 경우 감정금액이 하나인 것과 둘 이상인 것으로 구분할 수 있다. 기성고 비율에 따른 기성고공사비, 지체상금이나 간접비는 감정금액이 하나다. 총액이 쟁점이기 때문이다. 하지만 추가공사비나 하자보수비의 경우 총액과 더불어 항목별로 감정금액을 구분해야 한다. 사실관계에 따라 항목별 인정여부가 다를 수 있기 때문이다. 만약 추가공사비나 하자보수비 감정금액으로 총액만 제시되었는데 세부항목 중 추가공사나 하자에 해당하지 않는 것이 있을 경우 해당 항목을 제외한 감정금액을 확인해야 한다. 하

지만 법관이 금액을 산출할 수 없다. 이는 결국 사실조회를 통해 감정인이 산출해야 한다. 그러므로 감정을 시작할 때 감정서 및 감정금액 산출유형을 구분하여 감정서를 작성해야 한다. 감정금액 산출유형별 내역서는 총액내역서와 항목별내역서 두 가지가 있다.

표 3. 건설감정유형별 내역서

감정신청사항	총액내역서 (단일금액)	항목별내역서 (항목별 금액)	비고
설계비, 감리용역비	△	-	
지체상금	△	-	공사기간
공사비, 간접비	●	○	총공사비[13]
기성고 공사비	●	-	
추가공사비	-	●	
하자보수비	-	●	
유익비, 원상복구비	-	●	
건축피해	-	●	손해배상

1. 총액내역서(단일금액)

간접비는 실투입비를 집계한 것으로 단일금액이다. 설계·감리비 같은 용역비와 지체상금은 계약금액에 수행비율이나 약정비율을 적용해 단일금액을 산출한다. 공사비의 경우 대부분 총공사비 또는 적정공사비로 총액을 의미하며 계약금액에 기성고비율을 적용하는 기성고공사비 또한 단일금액이다.

단일금액을 산출하는 감정에는 시중 공사비산출에 사용되는 총액내역서를 활용한다. 공종별로 산출한 직접비(재료비, 노무비, 경비)총액에 공사원가를 적용해 총공사비를 산출한다. 총액내역서 구조는 피라미드와 같다.

---

[13] 공사비감정 중 계약금액이 특정되지 않았거나 당사자들이 주장하는 금액에 차이가 있어 적정공사비(총액)를 산출할 경우 시중 공사비 산출기준과 동일한 총액내역서를 활용하나 건물규모나 유형 및 공종이 단순할 경우 항목별로 구분해 산출하는 것이 바람직하다.

2. 항목별내역서(항목별금액)

추가공사비나 하자보수비, 유익비·원상복구비 및 건축피해와 같이 쟁점이나 감정신청사항이 항목별로 구분되어 있는 경우 감정금액 또한 항목별로 구분되어야 한다. 발생원인 및 책임범위에 따라 판단이 달라질 수 있기 때문이다. 이들 감정금액은 항목별로 공사원가를 적용해 산출하며 항목별내역서 구조는 큐브와 같다.

그림 1. 총액내역서

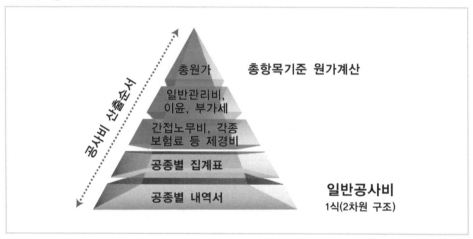

그림 2. 항목별내역서

표 4. 유형별 감정내역서

구분	총액내역서(단일금액)	항목별내역서(항목별 금액)	비고
감정유형	설계비, 감리용역비	추가공사비	
	공사비(총액)	하자보수비	
	기성고 공사비	유익비 · 원상복구비	
	기타	건축피해	
원가계산	1 또는 2회	항목 수만큼	
구조	피라미드 구조	큐브 구조	
적용	시중 공사비 산출, 건설감정	건설감정	

3. 항목별내역서 장점

항목별내역서의 장점은 감정인의 업무량을 줄이고 소송기간을 단축시킬 수 있는 것이다. 일반적으로 감정보고서가 제출되고 판결까지 6개월 이상 소요된다. 이 과정에서 당사자들이 사실조회를 요청하거나 재판부의 요청사항이 있을 경우 더 많은 시간이 소요될 수 있다.

사실조회 대부분은 금액과 관련된 것이며 상당수는 항목별 감정신청사항에 대해 단일금액이 제시된 경우다. 하자감정에서 항목 중 일부가 하자에 해당되지 않거나 보수책임이 없는 경우 해당 항목을 제외한 감정금액을 확인해야 하므로 사실조회를 요청할 수밖에 없다. 이와 같은 경우 감정인은 해당 항목들을 제외하기 위해 내역서 전체를 확인해 공사원가를 다시 계산해야 한다. 하지만 항목별내역서로 감정금액이 산출되었다면 법관이나 당사자가 가감을 통해 총액을 산출할 수 있어 사실조회를 하지 않아도 되므로 감정인의 업무가 줄어든다.

표 5. 항목별 내역서 활용 예

구분	감정금액	인정여부	인정금액 (판결기준금액)	비고
감정항목-1	500,000	인정	500,000	
감정항목-2	1,000,000	인정	1,000,000	
감정항목-3	70,000	불인정	-	
감정항목-4	5,000,000	인정	5,000,000	
감정항목-5	500,000	불인정	-	
감정항목-6	-	-	-	
감정항목-7	200,000	불인정	-	
감정항목-8	800,000	인정	800,000	
감정항목-9	600,000	인정	600,000	
감정항목-10	400,000	불인정	-	
계	9,070,000		7,900,000	

표 6. 항목별내역서 장점

구분	장점	비고
감정인	사실조회 감소	업무량 감소, 감정료 잔액 수령
당사자	소송실익 추정용이	-
법관	판결기준금액 검토용이	소송기간 단축

Ⅲ. 건설감정서 구성

소설은 기·승·전·결로 구성되며, 논문은 서론·본론·결론이고, 보고서는 요약·서론·본문·결론이다. 그러나 건설감정서는 일반보고서와 달리 개요·항목별 감정사항·관련근거로 구성된다.

1. 개요

개요는 해당 감정에 대한 개괄적 설명으로 감정신청사항과 감정대상에 대한 기초사실(위치, 규모, 인허가사항 등), 감정목적, 감정기준자료와 적용기준 및 진행과정을 설명한 것이다.

가. 감정개요

감정개요에는 감정대상목적물의 주소, 감정목적, 현장조사시점 등을 설명하고 감정목적물의 전경사진, 건축물 개요, 위치 등을 제시한다.

1.1 감정 개요

　이 사건 감정대상 건축물은 경기도 **시 **구 **로 195-22에 위치한 4층 규모의 공장이다. 감정의 목적은 원고가 피고에게 이 사건 건물을 인도한 2013.10.19.을 기준으로 원고가 피고로부터 요청을 받고 완료한 변경·추가공사 비용을 산정하는 것이다. 현장조사는 20**.12.15.과 20**.01.22. 실시하였다.

감정서 사례 1. [감정개요 – 추가공사비 감정]

나. 감정의 목적 및 감정신청사항

감정의 목적은 감정신청사항에 대한 확인과 금액을 산출하는 것으로 대부분 감정신청서에 제시되어 있다. 그런데 간혹 감정신청사항이 감정목적에 부합하지 않거나 중복된 경우가 있다. 당사자나 대리인이 건축전문가가 아니기 때문이다. 이런 경우 감정인은 감정기일에 재판부 확인을 통해 수정 또는 조정해야 하며 촉탁의 경우 감정서에 이에 대해 설명해야 한다.

현장조사 중 당사자가 감정사항을 추가 또는 변경하는 경우가 있다. 감정신청 이후에 하자가 추가로 발생되었거나 누락된 것을 발견했을 경우다. 이와 같은 경우에도 감정서에 추가된 항목과 사유를 명시해야 한다.

2.2 감정신청사항

구분	감정신청 항목	비고
1	4개 도크 공사 부분의 하자	
	가. 철근 등이 설치기준에 미달	
	나. 일부 도크 안의 중간 부위의 콘크리트 일부가 떨어져 나감.	
	다. 균열, 누수	
2	약정한 공장건물 외벽 왼쪽 부분의 바닥 콘크리트 높이의 부족	
3	약정한 우수가 빠져 나갈 수 있는 공사 미시행	
4	사무실 누수	
5	약정한 외벽(공장 왼쪽) 설치 공사 누락	
6	약정한 윤활유 업체와의 경계에 벽체 설치 누락	

감정서 사례 2. [감정신청사항 - 하자보수비 감정]

2.2 감정신청사항 조정

감정기일에 재판부 및 원·피고 대리인을 통해 확인한 사항을 근거로 아래와 같이 감정신청사항을 조정하였다.

구분	감정신청사항	감정항목 조정	비고
가	피고가 시행한 각 공사부분이 이 건 건물의 기존 사용형태와 시설 등에 비추어 건물가치의 유지내지 증가를 가져온 유익한 공사인지 여부	가. 피고가 시행한 공사의 내용 및 시행여부	감정기일 확인 사항 : 1. 피고 공사와 관련한 공사비 별도산정 제외 (피고 실제 지출금액 기준, 공사 시행 여부 확인)
나	피고가 투자한 공사지출금액이 적정한 금액인지의 여부와 적정금액은 어느 정도인지 여부		
다	위 투자한 공사로 인하여 현존하는 공장건물의 가액증가를 금액으로 평가할 경우 어느 정도인지의 여부	나. 위 투자한 공사로 인하여 현존 하는 공장건물의 가액증가를 금 액으로 평가할 경우 어느 정도인 지의 여부 (잔존가치액 기준)	2. 잔존가치1) 산정기준 적용

감정서 사례 3. [감정신청사항 조정 - 공사비 감정]

2. 감정의 목적 및 감정항목 조정

2.1 감정의 목적

이 사건 감정의 목적은 ①피고가 공사한 부분에 발생한 하자를 보수하는 비용과 ②피고가 미시공한 부분을 완료하는데 소요되는 공사비를 산출하는 것이다.

2.2 감정항목 조정

원고는 당초 하자와 미시공에 대하여 총 15개 항목에 대한 감정을 신청하였으나 현장조사 시 일부 항목을 추가하여 부위별로 하자를 주장하였다. 이들 항목 중 일부는 하자의 유형과 보수방법이 유사하여 아래와 같이 감정항목을 조정하였다.

구분	원고 감정신청 항목		감정항목 조정	비고
	감정신청서	현장조사일 주장사항		
하자	1. 2층 옥상 외벽균열 보수작업	7. 1층 자동문 입구 처마, 옥상쪽 난간대, 외벽균열	가-1. 외벽 균열 및 누수	
		17. 옥상 콘크리트 난간대벽 균열		
		19. 건물 외벽 균열		
		11. 2층 화단 벽 외 균열		
	2. 2층 내부 창호주위(4군데) 및 외부 균열 방수작업	1-2. 보수했으나 또 다른 곳으로 빗물 스밈		
	6. 계단외벽 크랙 누수 방수 및 페인트 작업			
	9. 주방벽면외부 방수작업	2. 주방 벽면 빗물, 창호 문고리, 벽지 접착불량		
	3. 2층 매장 내부 벽체 재보수 작업	14. 2층 내부 창호 및 균열과 빗물 스밈	가-2. 내벽 균열 및 누수	
		12. 2층 매장 내부 벽 미장 들뜸 현상, 빗물 스밈		
		10. 2층 베란다 통로 방화문 벽을 통한 빗물 스밈		
	7. 계단내부보수 및 페인트 재작업	8. 계단내부 벽, 천정 균열, 벽면 미장 들뜸 현상		
		15. 옥상 계단벽, 계단 천정 균열, 계단 벽면에 빗물 스밈		
	4. 옥상 바닥균열 보수작업 (우레탄 시공)	16. 옥상 바닥 균열	가-3. 옥상 바닥균열 보수작업 (우레탄 시공)	
	5. 전면유리불량교체작업 (1800*3450)	4. 1층 매장 전면 유리불량	가-4. 전면유리불량교체작업 (1800*3450)	
	8. 1층 자동문 입구 돌계단 방수 및 석재작업	5. 1층 내부바닥 빗물 스며듬	가-5. 1층 자동문 입구 돌계단 방수 및 석재작업	

감정서 사례 4. [감정신청사항 조정 – 하자보수비 감정]

다. 용어정의 및 전제사실

경우에 따라 해당 감정에 사용되는 용어의 의미를 명확히 하거나 이를 설명해야 할 때가 있다. 감정신청서에 사용된 용어가 전문용어거나 실제와는 다른 의미로 사용된 경우다. 이는 감정신청인이 건축에 대한 전문지식이 부족하거나 표현이 미숙하기 때문이다. 아울러 법관이나 소송대리인도 정확한 의미를 모를 수 있다. 그러므로 감정인은 해당 감정에 사용될 용어를 정의하여 설명할 필요가 있다. 그리고 감정에 적용한 전제사실(시점, 적용범위, 적용단가 등) 또한 제시해야 한다. 왜냐하면 전제사실에 따라 감정결과가 달라질 수 있기 때문이다. 전제사실은 감정기일에 법관이 특정하거나 감정유형 및 감정내용에 따라 감정인이 판단하여 적용한다.

---

3. 용어정의 및 전제사실

가. 실 투입비용

당초 피고의 감정신청사항 '기시공부분에 소요된 공사비'는 원고 감정신청 사항인 '기성고 비율' 산정에 적용되는 것과 중복된다. 이에 해당 항목에 대하여 피고의 감정 취지를 확인하였다. 확인한 감정 취지는 공사중단시점까지 피고가 공사를 수행하는데 실제로 소요된 비용을 의미하는 것이었다. 이는 공사비 정산개념에 따른 것으로 대법원 판례[1])에 따른 기성고 비율을 산정 시 적용되는 '기시공부분에 소요된 공사비'와 차이가 있다. 이와 같은 사유로 원고 감정사항과의 구분을 위해 피고 감정신청사항 '기시공부분에 소요된 공사비'를 '실 투입비용'으로 조정하였다.

그리고 '미시공부분에 소요될 공사비'는 감정에서 제외하였다. 왜냐하면 '미시공부분'에 대한 공사비는 발생하지 않아 확인할 수 없다. 더욱이 미시공 부분은 시공자의 시공능력, 자재구매단가, 공사기간 등 공사여건에 따라 달라질 수 있기 때문이다.

감정서 사례 5-1. [전제사실 – 공사비 감정]

나. 실 투입비용 산정

상기 조정항목 '실 투입비용'에 대해서는 피고가 제출한 자료2)를 근거하였다. 그런데 피고가 제출한 자료는 총괄비용으로 여기에는 '추가공사비'가 포함되어 있다. 문제는 해당 자료를 통해서는 추가공사비를 구분할 수 없는 것이다. 그래서 '실 투입비용'은 상기 제출자료를 통해 확인한 총괄금액에서 감정항목 2. 에서 별도로 산출한 '추가공사비'를 제외한 금액을 적용하였다.

다. 가설재 손료

피고는 현장에 설치된 가설재에 대하여 공사중단기간동안 발생한 손료를 주장하였다. 이는 당초 감정신청사항인 '가설재 월 손료'와 차이가 있다. 이에 피고를 통해 해당 신청사항이 공사중단시점부터 감정시점까지의 가설재 손료를 의미하는 것임을 확인하고 아래 기준에 따라 해당기간(7개월)동안의 가설재 손료를 산출하였다.

① 적용기간
 - 2014. 6. 30.부터 현장조사시점 2015. 1. 21. 까지 7개월
② 적용범위
 - 강관비계, 이동식 강관말비계, 강관동바리,
 - 유로폼
③ 적용수량
 - 강관비계, 이동식 강관 말비계 : 계약내역수량
 - 강관동바리, 유로폼 : 계약내역수량의 1/2
④ 적용단가
 - 계약내역서 해당항목 단가 중 자재비에 한하여 적용
 - 유로폼 : 3회 전용 기준

---

2) 계약서, 내역서, 세금계산서, 영수증, 입금내역, 확인증 등

감정서 사례 5-2. [전제사실 – 공사비 감정]

라. 감정기준

　감정기준은 감정자료, 감정시점, 조사방법, 수량산출 및 감정금액 산출기준을 의미한다. 감정자료는 감정과 관련하여 당사자가 제시한 계약서, 설계도면, 내역서, 시방서 등으로 감정인의 판단근거가 된다. 간혹 당사자들이 감정인에게 제출한 자료가 서로 일치하지 않아 감정보고서가 제출된 이후 감정보완 또는 재감정을 하는 경우가 있다. 이와 같은 상황을 방지하기 위해 감정기준자료는 재판부를 통해 수령하는 것이 좋다. 그리고 감정 중 당사자가 감정인에게 자료를 추가로 직접 제출할 경우 동일한 자료를 상대방 대리인과 법원에 제출하도록 요청해야 한다. 아울러 당사자들이 제출한 자료는 반드시 내용을 모두 확인해야 한다. 간혹 동일한 명칭인데 내용이 일치하지 않는 경우가 있기 때문이다. 이와 같을 경우 대리인을 통해 확인하고 기준할 자료를 확정한 후 해당 사항을 감정서에 명시해야 한다.

　감정시점에 따라 단가가 다르므로 감정 전 이를 확인하는 것이 중요하다. 감정기일이 진행될 경우 재판부를 통해 감정시점을 확인해야 하며 감정촉탁일 경우 감정유형에 따라 감정시점을 달리 적용해야 한다.[14]

　조사방법은 감정대상물의 상태를 확인하는 방법으로 육안조사가 일반적이다. 매립 또는 마감재가 설치된 부위는 파취하거나 장비를 활용하며 부득이한 경우 시공사진 등을 통해 확인한다. 파취를 할 때는 사전에 감정신청인과 건물소유자 또는 사용자의 동의 및 원상복구 주체에 대한 확인을 받아야 하며 위치와 개소에 대해 양측 당사자와 협의하여 진행한다.

　수량은 실측하는 것이 가장 좋으나 은폐 또는 매립되어 실측이 불가능할 경우 설계도면을 기준하고 사진 등 관련 자료도 확인해야 한다. 간혹 도면과 달리 시공하거나 시공하지 않은 경우도 있기 때문이다.

---

14 일반적으로 하자보수비 등 손해배상은 소제기 시점을 기준한다.

추가공사비의 경우 계약항목에 대해서는 계약단가를 적용하며 신규항목에 대해서는 감정시점의 시중단가와 표준품셈을 적용하는 것이 일반적이다. 하자보수비는 표준품셈과 감정시점 시중단가 및 공사원가제비율을 적용한다.

3.2 감정기준

1) 감정기본자료

번호	제출일자	제출자	제출자료	자료 형태	제출자료 보관			비 고
					감정인 보관	감정서 첨부	반환	
1	2016.11.07.	원고	갑5, 8, 9호증 설계도면	문서	●	●	×	
2	2016.12.06.	원고	방염성적서, 시공사진 등	FILE	●	▲	×	
3	2016.12.11.	원고	시공사진, 공사일보 등	FILE	●	▲	×	
4	2017.01.05.	원고	세금계산서, 견적서 등	문서	●	●	×	

2) 감정시점

감정시점은 감정기일에 재판부가 지정한 해당 건축물 사용승인일인 2015년 10월 14일이다.

3) 조사방법

① 시공 상태는 육안으로 조사하였다.

② 은폐 또는 매몰되어있어 확인할 수 없는 부위는 제출된 자료와 현장 조사 시 원·피고를 통해 확인하였다.

4) 수량산출

실측 가능한 부분은 실측하고 실측 불가능한 부위는 설계도면 및 제출 자료를 기준으로 산출하였다.

5) 공사비 산출

① 계약 내역서에 포함되어 있는 항목은 계약내역서 단가를 적용하였다.

---

1) 피고는 계약 당시 원고는 도면을 작성하지 않았으며 원고가 기 시공한 '베일리 컨벤션' 내부 투시도를 기준으로 평당 공사비(128만원/평)를 적용한 1,760,000,000원(VAT포함)에 계약하였다고 주장하였다. 피고 또한 계약시점에 인테리어 도면이 작성되지 않은 것을 인정하였다. 하지만 원고는 계약 당시 피고가 제시한 건축도면 각 실 등에 대해 '베일리 컨벤션' 인테리어도면에 표시된 시공기준을 적용하는 조건으로 계약하였다고 주장하였다.

감정서 사례 6-1. [감정기준 – 추가공사비 감정]

② 계약 내역서에 포함되지 않은 신규항목에 대해서는 감정시점(2015.10)의 정부공인 물가자료 단가 및 표준품셈을 적용하였다.

6) 공사비원가계산

공사비원가계산은 계약 내역서 제비율을 적용하였다.

구 분	비 목	요 율	비 고
(1) 재료비	직접재료비		
	소계		
(2) 노무비	직접노무비		
	간접노무비		
	소계		
(3) 경 비	산재보험료	–	계약제외사항
	고용보험료	–	계약제외사항
	건강보험료	–	계약제외사항
	연금보험료	–	계약제외사항
	노인장기요양보험료	–	적용기준없음
	퇴직공제 부금비	–	적용기준없음
	산업안전보건관리비	–	적용기준없음
	기타 경비	–	적용기준없음
	환경보전비	–	계약제외사항
(4) 일반관리비		(재료비+노무비+경비)×2.0%	
(5) 이 윤		(노무비+경비+일반관리비)×1.1%	
(6) 부가가치세		10%	

7) 감정의 수정·변경

이 사건은 시공 상태와 제출된 자료에 한정하여 감정한 것으로 추후 별도의 자료가 제시될 경우 수정·변경될 수 있다.

감정서 사례 6-2. [감정기준 – 추가공사비 감정]

⑥ 재료비의 적용

재료비는 정부공인 물가조사 기관의 2015년 10월 단가를 적용하였다.

⑦ 노무비의 적용

노무비는 통계법 제17조 규정에 의한 통계작성 승인기관인 대한건설협회가 공표한(승인번호 제36504호) 2015년 10월 시중노임단가를 적용하였다.

⑧ 공사원가계산 제비율 적용

가. 하자보수비 원가계산은 감정시점인 2015년 10월 조달청고시 '공사내역 원가계산서'의 제비율을 적용하였다.

구 분	비 목	요 율	비 고
(1) 재료비	직접재료비		
	소　계		
(2) 노무비	직접노무비		
	간접노무비	(직노) × 9.6 %	
	소　계		
(3) 경 비	산재보험료	(노무비) × 3.8 %	50억 미만 6개월 이하 공사기준
	고용보험료	(노무비) × 0.87 %	
	건강보험료	(직노) × 1.7 %	
	연금보험료	(직노) × 2.49 %	
	노인장기요양보험료	건강보험료 × 6.55 %	
	환경보전비	(재료비+직노+기계경비) × 0.5 %	
	안전관리비		
	기타 경비	(재료비+노무비) × 5.2 %	
	소　계		
(4) 일반관리비		(재료비+직노+경비) × 6.0 %	
(5) 이윤		(노무비+경비+일반관리비) × 15.0 %	
(7) 부가가치세		10.0 %	

감정서 사례 7. [감정기준 - 하자보수비 감정]

2. 항목별 감정사항

항목별 감정사항은 감정신청사항에 대해 현장조사와 감정진행 중 당사자들이 주장한 것과 감정인이 확인한 내용 및 이에 대한 의견과 감정금액을 제시한 것이다.

항목별 감정사항에 대한 감정서양식은 공동주택하자감정과 기타감정으로 구분할 수 있다. 공동주택하자감정은 대부분 서울중앙지방법원 건설감정 실무에 제시된 항목별 감정사항 양식을 활용하나 일반건축물하자나 공사비 감정 등의 경우 감정인마다 각기 다른 양식을 사용하고 있다.

가. 공동주택하자감정

공동주택하자감정서의 특징은 각각의 항목에 대해 감정인 의견과 더불어 해당 하자에 대한 법률적 판단을 세부적으로 명시하는 것이다. 이는 공동주택에 적용되는 법규가 일반건축물과 차이가 있으며, 하자에 대한 보증기간 및 책임주체가 발생시점과 원인에 따라 달라지기 때문이다. 아울러 하자의 중요성과 보수가 가능한지 및 보수비의 과다 여부를 항목별로 구분하고 이에 따라 감정금액 산출방법을 달리 적용해야 한다. 간혹 항목별 감정사항에 표시된 내용과 감정금액 산출근거(내역서)가 일치하지 않아 감정보완을 하거나 해당 소송이 종결된 후 공종별 구상금소송이 발생했을 때 문제가 되는 경우가 있으므로 주의해야 한다.

나. 기타 감정

공동주택하자감정을 포함하여 기타 감정 항목별 감정사항에는 감정내용과 더불어 사진과 감정금액을 제시해야 한다. 사진은 감정인의 판단근거에 해당하며 현장을 확인하지 못한 법관과 상대당사자가 감정인 의견과 더불어 상황을 인식하고 감정결과를 수긍하는 근거가 되기 때문이다. 그리고 항목별 감정사항에는 해당 항목에 대한 감정금액이 포함되어야 한다. 간혹 감정금액을 적시하지 않고 집계표 등을 참조하라는 감정인이 있는데 바람직하지 않다.

[공용021] 경비실 출입구 바닥 화강석 침하 발생

1.원고측 주장

경비실 출입구 바닥 화강석 침하 발생으로 인해 기능상, 미관상, 안전상 지장을 초래함

2.피고측 주장

3. 감정인 의견

현장조사를 통해, 경비실 출입구 바닥 화강석이 침하된 것을 확인하였다. 이 현상은 부실시공이 원인으로 추정되는 기능상 하자로 판단된다.

이 항목에 대해 해당 부위를 철거후 재시공하는 비용을 산정하였다.

4. 산출 금액   ₩1,307,472

하 자 감 정 내 용				
① 하자판정		[ ]	하자제외	
	[√] 기능상하자	[ ]	법규의 위반	
	[ ] 안전상하자	[ ]	약정의 위반	
	[√] 미관상하자	[ ]		
② 발생원인	[ ] 미시공하자	[ ]	설계상 하자	
	[ ] 변경시공하자	[ ]	감리상 하자	
	[√] 부실시공하자	[ ]	사용상.관리상 하자	
③ 발생시기	사용검사일	2012년 3월 19일		
	[ ] 사용검사 이전 발생			
	[√] 사용검사 이후 발생			
	[ ] 1년 이내	[ ] 4년 이내		
	[ ] 2년 이내	[ ] 5년 이내		
	[ ] 3년 이내	[ ] 10년 이내		
	[√] 구체적 발생시기 판정 불가			
④ 보수가능여부	[√] 보수 가능함	[ ] 보수 불가능		
⑤ 하자의 중요성	[ ] 중요한 하자	[√] 중요하지 않은 하자		
⑥ 보수비과다여부	[ ] 과다하지 않음	[ ] 보수비 과다		
⑦ 보수비의 산정	[√] 보수비용산출	하자가 중요하지 않으면서 보수비가 과다한경우 시공비 차액 산정(보수불가능 포함)		
⑧ 하자 보수 요청		⑨ 하자 보수 여부		
하자 보수 요청 및 요청일자	[ ] 요청하지 않음	[ ] 보수 완료 확인		
	[ ] 요청함	[ ] 하자 일부 보수		
		[ ] 보수하지 않음		
⑩ 하자 담보 책임 기간 (주택법시행령 별표6)				
공 사	공 종	[ ] 1년	[ ] 4년	
1.대지조성공사	포장공사	[ ] 2년	[ ] 5년	
		[√] 3년	[ ] 10년	

현 황 사 진 1

경비실 출입구 바닥 화강석 침하-1

현 황 사 진 2

경비실 출입구 바닥 화강석 침하-2

감정서 사례 8. [항목별감정사항 - 공동주택 하자보수비 감정]

2. 1층 후면 공용계단 밑 창고

원고는 공사 중 피고 요청으로 당초 공사범위에 포함되지 않은 1층 후면 공용계단 하부에 창고를 추가시공 하였다고 주장하였으며 피고도 인정하였다.

현장조사를 통해 1층 후면 공용계단 하부에 창고가 시공되어 있는 것을 확인하였다. 계약기준도면3)에 해당 창고는 원고 공사범위에 포함되어있지 않다.

이 항목에 대해서는 시공현황과 인테리어 도면을 기준으로 계약단가를 적용하여 공사비를 산출하였다. 산출된 공사비는 다음과 같다.

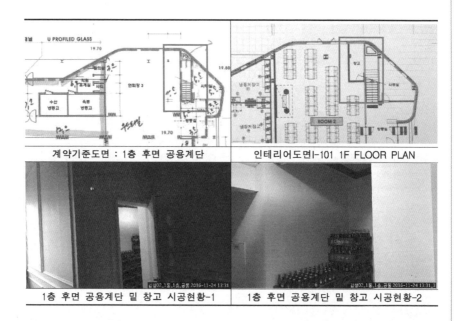

계약기준도면 : 1층 후면 공용계단	인테리어도면I-101 1F FLOOR PLAN
1층 후면 공용계단 밑 창고 시공현황-1	1층 후면 공용계단 밑 창고 시공현황-2

감정신청항목	감정금액	비 고
2. 1층 후면 공용계단 밑 창고	4,469,020원	

---

3)보고서 2권 79쪽

감정서 사례 9. [항목별감정사항 - 추가공사비 감정]

4. 바닥 균열

1. 원고측 주장

공사 직후 바닥이 갈라지는 현상이 발생함.

2. 피고측 주장

건축도면상에 기재된 8mm 와이어 메쉬를 사용하였는데, 축사가 시공된 매입지역의 토지 특성상 지내력이 약한 부분은 갈라짐이 생길수 있습니다.

3. 감정인 의견

현장 조사결과, 계사 바닥 일부 구간에 균열을 확인하였으며, 이는 기능상, 미관상, 안전상 지장을 초래하는 하자로 판단하였다.

기초 콘크리트 균열의 원인은 콘크리트의 건조수축, 경화, 온도변화에 따른 수축팽창 등 다양한 원인에 의해 균열이 발생될 수 있으며, 해당 목적물 같이 넓은 바닥면적에 미경화 콘크리트의 수분 증발량이 블리딩 량을 초과하게 되면 콘크리트 표면에 인장응력이 발생되어 균열이 발생하는 소송수축균열로 예상된다.

본 하자의 경우, 보수가 가능한 하자로 다음과 같은 공법을 적용하여 보수비를 산정하였다.

① 건식균열 0.3mm미만 : 표면처리 공법
② 건식균열 0.3mm이상 : 주입식 공법
③ 균열 보수면 재도장 : 동일 마감 도장(30cm)

4. 산출 금액   [감정금액 집계표 참조]

현 황 사 진	현 황 사 진
바닥 균열 폭 4.99mm	균열 현황

감정서 사례 10. [항목별감정사항 – 하자보수비 감정 : 항목별 감정금액 없음]

[2] 2층 책임 시공 약정서와 달리 시공된 부분

1. 원고측 주장

2층에서 ①원룸 실리콘 및 타일 마무리가 책임 시공 약정서와 달리 시공됨.

2. 피고측 주장

감정항목별 구체적인 주장 없음.

3. 감정인 의견

하 자 감 정 내 용		
① 하자 판정	[ ] 기능상 하자	[ ] 하자 제외
	[O] 기능상 하자	[ ] 법규의 위반
	[ ] 안전상 하자	[ ] 약정의 위반
	[O] 미관상 하자	
② 발생 원인	[ ] 미시공 하자	[ ] 설계상 하자
	[ ] 변경시공 하자	[ ] 감리상 하자
	[O] 부실시공 하자	[ ] 사용상·관리상 하자
③ 보수 가능 여부	[O] 보수 가능함	[ ] 보수 불가능
④ 보수비의 산정	[O] 보수비용 산출	하자가 중요하지 않으면서 보수비가 과다한 경우 시공비 차액 산정 (보수불가능 포함)
	[ ] 재시공비용 산출	
⑤ 설계도서	[O] 설계도면	
	[ ] 건설공사 책임시공 약정서 [ ] 표준시방서		

1) 현황 : 현장조사결과 2층 201호 화장실에서 타일에 줄눈이 탈락된 세대가 조사되었으며 202호 및 203호 주방 및 화장실 타일에서 탈락 및 파손이 발생한 부위도 조사되었다.

2) 감정결과 : ① 세대 화장실 및 주방에 발생된 타일 탈락 및 파손의 원인으로는 몰탈의 접착력 부족과 모체에 균열이 발생하거나 콘크리트와 접착몰탈의 응력차이에 따라 타일균열이 발생된 것으로 타일공사의 미관상, 기능상 지장을 초래할 수 있는 하자라고 판단되며, 해당되는 세대의 타일은 철거 후 재시공하는 비용을 산정한다. ② 세대 화장실 타일 줄눈 탈락은 타일공사의 미관상, 기능상 지장을 초래할 수있는 하자라고 판단되며, 해당되는 세대의 타일 줄눈은 재시공하는 비용을 산정한다.

3) 보수방법 : ① 타일 철거 후 재시공 ② 타일 줄눈 재시공

4. 산출 금액   ₩ 33,547 원

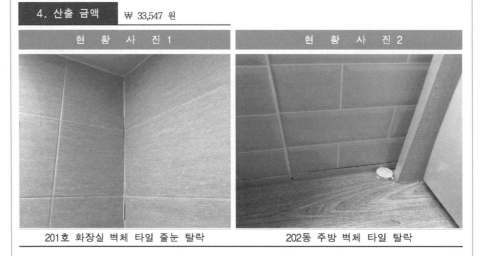

현 황 사 진 1	현 황 사 진 2
201호 화장실 벽체 타일 줄눈 탈락	202동 주방 벽체 타일 탈락

감정서 사례 11. [항목별감정사항 - 하자보수비 감정]

[06] 5호 객실 창틀 주위 누수

[1] 피고측 주장 내용	[3] 감정인 소견
■ 5호 객실 정면 창틀에서 비가 오연 누수가 된다고 합니다.	■ 1. 5호 객실 정면 창호 주위에서 비만 오면 누수가 된다고 합니다. 2. 피고가 제출한 증거사진(붙임 관련 참고자료 참조)을 보면 누수가 진행 되는 것으로 보입니다. 3. 창틀 주위 수밀코킹 불량으로 초래되는 하자로 보이며, 수밀코킹 보수하는데 필요한 공사비를 평가하였습니다.

[2] 현황조사 검토

<조사 및 검토 요약표>

구 분	감정시점 현황 조사		비 고
	계약	시공	
5호 객실	창호 시공	누수	수밀코킹 불량
■ 평가	창틀 주위 수밀코킹 보수하는 공사비 평가		

[4] 현황 사진

▲ 천정 누수로 벽지가 벌어진 모습 : 5호, 2호 객실 천정

[5] 감정평가금액	₩302,000원

감정서 사례 12. [항목별감정사항 – 하자보수비 감정]

2)항. [* * * 호텔] 3층 세미나실과 관리사무소 각 천장 누수 하자

<table>
<tr><td colspan="2">

1. 원고측 주장

∘ 별도의 주장 없음.

</td><td colspan="4" style="text-align:center">하 자 감 정 내 용</td></tr>
</table>

	하 자 감 정 내 용			
① 하자 판정	[√] 기능상 하자		[ ] 하자 제외	
	[ ] 안전상 하자		[ ] 법규의 위반	
	[ ] 미관상 하자		[ ] 약정의 위반	
② 발생 원인	[ ] 미시공 하자		[ ] 설계상 하자	
	[ ] 변경시공 하자		[ ] 감리상 하자	
	[√] 부실시공 하자		[ ] 사용상·관리상 하자	
③ 보수 가능 여부	[√] 보수 가능함		[ ] 보수 불가능	
④ 하자의 중요성	[√] 중요한 하자		[ ] 중요하지 않은 하자	
⑤ 보수비과다여부		과다하지 않음 [√]		보수비 과다 [ ]
⑥ 보수비의 산정	[√] 보수비용 산출	[ ]	하자가 중요하지 않으면서 보수비가 과다한 경우 시공비 차액 산정 (보수불가능 포함)	

2. 피고측 주장

∘ 3층 세미나실과 관리사무소 각 천장 부위에 누수하자가 발생.

3. 감정인 의견

∘ 현장조사 결과 3층 세미나실과 관리사무소 천장 부위에 누수하자가 발생되는 것으로 확인되었다.

∘ 3층 누수발생 부위 천장 내부를 점거한 결과 상층 설비배관 주위에서 누수하자가 발생되는 것으로 확인되어 해당부위 슬래브 관통배관(502호, 503호, 504호 배관) 주위 누수보수 및 천장부위 마감보수 등에 소요되는 비용을 본 항과 관련한 보수비로 산정하였다.

⑦ 하자 원인 가능 요인 검토	누수 가능 요인	해당 건축물 또는 설비시공물	가능성 검토
	외벽 균열 등 외부로부터의 유입	외벽 관통균열, 도시가스배관, 보일러 연도 등 관통부	X
	창호주위 이격 등 외부 우수 유입	외창호 주위 기밀부실	X
	공용 위생배관 누수	공용 오배수관, 하수관 등	가능성 높음
	급수배관 누수	급수배관, 수전, 위생기구	가능성 높음
	급탕배관 누수	급탕배관, 수전, 위생기구	가능성 높음
	난방배관 누수	바닥 난방배관	X
	방수층 결함	주방, 화장실 등 방수부위	△
	매립전선배관 결함	전선관 등 매립배관	X
	기타	확인 불가한 누수원인	X

⑧ 비 고	: 누수 발생 위치

현 황 사 진 1	현 황 사 진 2
3층 천장 누수하자 발생 현황	3층 천장 설비배관 주위 누수 하자 현황

감정서 사례 13. [항목별감정사항 − 하자보수비 감정 : 항목별 감정금액 없음]

감정 항목	3.2.4 목공사	
1. 원고측 주장		**3. 감정 내용**

<table>
<tr>
<td>

계약범위는 "공사계약변경내역서"의 110(내장목공 및 수장공사)에서 수장공사를 제외한 항목이 맞음.
- 5층 천정석고보드 및 벽체방수석고보드 50% 정도 완료함.

</td>
<td>

1. 5층의 목재천정틀, 천정 석고보드, 벽체 방수석고보드 일부 시공함.

2. 화장실 경량철골천정틀(클립바) 및 열경화수지판 일부 시공
(5층 발코니 천정 2개소 미시공)

</td>
</tr>
</table>

2. 피고측 주장	

피고측의 준비서면('21. 9. 27)에서 주장내용은 아래와 같음
- 수장공사 : 완료

현 황 사 진 1	현 황 사 진 2

감정서 사례 14. [항목별감정사항 – 공사비 감정 : 항목별 감정금액 없음]

4 – 2. 문제에 대한 판단 및 조치

주 장 및 현 상	판 단 및 조 치
가). 오폐수 배관시설의 부실 및 악취발생. 1). 시공당시의 사진을 제시함. 2). 바닥구조체 타설전 배관재를 매설치 않고 나중에 구조체 바닥위에 배관이되어 구배(기울기)문제로 배수가 원활치않고 악취가 올라옴.	1). 현재 배관부분을 다시 파헤쳐 재시공하기엔 무리가 있다. 2). 변상처리 할 수 있는 부분이다.
나). 보일러가 각방에서 조절가능하도록 시스템화 되지않았다 1). 상호간 약속에 의한 것으로. 2). 각방에 배선기구는 설치된 상태이다.	1). 현재의 상태에서 소요비용을 산정한다.
다). 1). 시멘트벽돌 쌓기후 상부 기둥 주춧돌을 얹어서 변칙시공함. 2). 마사토 다짐위 바닥 바로시공 (버림콘크리트 및 잡석기층 누락시공) 3). 시공당시의 사진을 제시하고있다.	1). 바닥 콘크리트에 시멘트 벽돌을 2-3단쌓고 상부에 주춧돌을 설치하고 기둥구조를 설치한 경우이다. 벽돌의 압축강도가 설계 의도보다 부족하다고 보아야한다. 2). 현재의 상태에서 수정하기는 힘들고 비 현실적이다. 3). 현재의 상태에서 수정하기는 힘들고 비 현실적이다.
라). 기초바닥의 부실시공으로 마사토등의 유실.	1). 현재의 상태에서 수정하기는 힘들고 비 현실적이다. 2). 공학적인 손해비용을 추정 산정한다.

감정서 사례 15. [항목별 감정근거 및 감정금액 없음 – 하자보수비 감정]

항목별감정사항은 '(당사자들이)주장한 것을, (감정인이)확인하고 판단하여, (금액으로)환산하였다'에 대한 설명이다. 간혹 감정할 내용이 당초 감정신청서와 다르거나 변경 또는 추가되는 경우가 있다. 그리고 주장과 현상이 일치하지 않고 제출된 자료와 상이한 경우도 있으며 원인이 같은 항목들에 대해 각기 다른 주장을 하는 경우도 있다. 이처럼 감정과정에서 감정할 내용이 추가 또는 변경되거나 당초 감정신청서와 차이가 있을 경우 이를 감정서에 제시해야 한다. 감정을 진행하는 과정에서 발생된 일들을 법관은 알 수 없으며 당사자들로부터 오해를 받을 수 있기 때문이다. 항목별 감정사항에 포함되어야 할 것은 아래와 같다.

1) 당사자 주장

감정인은 현장조사에서 당사자가 주장하거나 설명한 내용과 제출된 자료를 근거로 판단한다. 그런데 법원에 제출된 서면과 현장조사에서 당사자가 주장 또는 설명한 내용이 일치하지 않을 경우 문제가 될 수 있다. 법관은 이와 같은 상황을 알 수 없기 때문이다. 감정서에 해당 항목에 대한 당사자주장이 제시되지 않을 경우 법관이나 상대당사자는 감정이 잘못되었거나 감정인에게 문제가 있다고 판단할 수 있다. 그러므로 감정인은 현장조사 시 당사자들에게 감정신청사항을 확인하고 당사자들이 주장한 내용을 감정서에 명시해야 한다.

2) 감정인 확인사항

감정인은 감정항목 각각에 대해 조사시점을 기준으로 발생여부, 상태, 수량 등 확인한 내용과 당사자들이 제출한 자료 중 관련된 사항을 감정서에 명시해야 한다.

창틀하부 벽지 들뜸이 누수로 인한 하자라고 주장한 항목과 관련하여 현장조사결과 당사자가 거주하지 않은 기간에 창문이 열린 상태로 관리되었던 것이 확인되어 해당항목을 하자에서 제외할 경우 이를 감정서에 명시해야 한다. 이 밖에 감정신청시점의 상황과 조사시점의 상황이 달라진 것에 대해서도 조사시점을 기준으로 확인한 사항을 명시해야 한다.

3) 감정의견 및 감정금액

건설감정의 궁극적인 목적은 감정신청사항에 대한 감정인의 의견과 감정금액을 확인하는 것이므로 항목별 감정사항에는 이들 모두를 제시해야 한다.

감정과 관련한 당사자주장이 일반적인 감정인의 적용기준과 다른 경우가 있다. 예를 들면 경미한 하자에 대해 전체 철거 후 재시공을 주장하는 경우다. 이와 같은 경우 특별한 사유가 없다면 감정인은 현장조사시점에 확인된 범위에 국한하여 보수비를 산출한다. 하지만 하자로 인해 피해를 입은 당사자는 감정금액이 증가하기를 바라므로 감정인이 부분보수를 전제로 감정금액을 산출하더라도 사실조회를 통해 전체 철거 후 재시공비용을 산출해줄 것을 요청한다. 이처럼 감정인의 의견과 당사자의 기준이 다른 경우에는 감정인의견에 따른 '감정금액'과 구별하여 '확인금액'을 산출해 제시하는 것이 좋다. 확인금액은 당사자 주장에 따른 것으로 감정인의 전문지식과 경험이 반영된 것이 아니기 때문이다. 간혹 '감정금액' 과 '확인금액'에 대한 구분 없이 항목별감정사항과 감정서 요약문의 '감정금액 총괄표'가 작성된 감정서가 있는데 이와 같은 경우 사실조회가 발생할 수밖에 없다.

표 7. 항목별 감정금액

구분	감정금액	확인금액	비고
감정항목-2	1,000,000	3,000,000	원고 철거 후 재시공 주장

표 8. 감정금액 총괄표

구분	감정금액	확인금액		비고
		원고주장기준	피고주장기준	
감정항목-1	500,000	500,000	500,000	
감정항목-2	1,000,000	3,000,000	1,000,000	원고 철거 후 재시공 주장
감정항목-3	70,000	70,000	70,000	
감정항목-4	5,000,000	5,000,000	–	피고 하자 불인정
감정항목-5	500,000	500,000	500,000	
감정항목-6	–	–	–	
감정항목-7	200,000	200,000	200,000	
감정항목-8	800,000	800,000	800,000	
계	8,070,000	10,070,000	3,070,000	

3. 관련근거

건설감정서에서 관련근거는 감정내역서, 조사현황도, 현황사진 및 기타 자료로 항목별감정사항 만큼 중요하다. 관련근거는 감정금액과 연계되어 있으며 이를 통해 감정결과에 대한 신뢰는 물론 감정인을 평가하는 자료가 되기 때문이다.

가. 감정내역서

감정내역서는 감정금액을 산출한 근거로 원가계산서, 항목별 내역서, 항목별 일위대가, 수량산출서, 단가조사표로 구성된다.

설계비나 감리비감정과 같이 약정금액에 수행요율을 적용해 산출하는 내역서는 감정인마다 차이가 있을 수 있다. 공인된 감정기준(방법)이 없기 때문이다. 하지만 하자보수비나 공사비와 같이 수량과 단가에 따라 감정금액이 달라지는 경우에는 내역서가 매우 중요하다.

감정내역서는 건설감정서 유형에서 설명한 바와 같이 확인하고자 하는 감정금액유형에 따라 총액내역서와 항목별내역서로 구분한다. 총액내역서는 시중 공사비산출방식과 같이 각 공종별로 재료비와 노무비 및 경비를 산출하여 집계한 직접비총액에 기준이 되는 공사원가제비율을 적용하므로 원가계산이 한번만 이루어진다. 반면 항목별 내역서는 항목별로 재료비와 노무비 및 경비를 산출하여 각각에 대해 공사원가제비율을 적용하기 때문에 항목 수만큼 원가계산이 필요하다. 하지만 엑셀프로그램을 이용할 경우 쉽게 항목별 공사원가를 산출할 수 있다. 공사원가제비율은 공사비의 경우 계약내역서 요율을 적용하고 없을 경우 감정기준시점의 조달청고시 공사원가제비율을 적용한다.

내역서에서 가장 중요한 것은 수량과 단가다. 수량은 상태를 기준으로 산출하고 단가는 감정유형에 따라 항목별일위대가를 적용한다. 추가공사비나 기성고공사비의 경우 계약단가를 적용한다. 계약내역서가 없거나 신규항목의 경우 표준품셈과 제반여건을 고려해 일위대가를 작성하는데 감정인에 따라 낙찰률(계약기준 또는 공공공사평균낙찰률 84.5%)을 적용하는 경우도 있다.

공종별 설계용역 수행비율

구분	공종별 설계용역 수행비율 (%)							비고
	건축	구조	기계	전기	토목	조경	계	
1.기획업무	75.00%	-	-	-	-	-	75.00%	공종구분 없음
2.계획설계	10.00%	0.00%	0.00%	0.00%	0.00%	0.00%	10.00%	
3.중간설계	0.00%	0.00%	0.00%	0.00%	0.00%	0.00%	0.00%	
4.실시설계	0.00%	0.00%	0.00%	0.00%	0.00%	0.00%	0.00%	
5.사용승인	0.00%	0.00%	0.00%	0.00%	0.00%	0.00%	0.00%	

설계업무 단계별 수행비율

구분	공공발주사업 건축사의 업무범위 구분기준		감정사항		비고
	단계별 업무비율 (A)	보정비율 (B)=A / 110	수행비율 (C)	전체 기성률 (D) = C * B	
1.기획업무	8.00 %	7.27 %	75.00 %	5.45%	
2.계획설계	20.00 %	18.18 %	10.00 %	1.82%	
3.중간설계	30.00 %	27.27 %	0.00 %	0.00 %	
4.실시설계	50.00 %	45.45 %	0.00 %	0.00 %	
5.사용승인	2.00 %	1.82 %	0.00 %	0.00 %	
계	110 %	100 %		7.27%	

3. 설계용역비 감정금액

구분	계약금액 (A)	기성율(B)	감정금액 (C=A×B)	비고
계약금액	1,491,000,000원	7.27%	108,395,700원	
부가세	149,100,000원		10,839,570원	
계	1,640,100,000원		119,235,270원	

감정서 사례 16. [감정내역서 – 설계용역비 감정]

3.1. 원가계산서

(1) 출로리공장 내부보강공사

비목			금액	구성비율	비고
순공사원가	재료비	직접재료비	18.337.834		
		소계	18.337.834		
	노무비	직접노무비	10.800.576		
		건설노무비	1.069.257	직접노무비의 9.9%	
		소계	11.869.833		
	경비	산출경비	1.500.000		
		산재보험료	480.728	노무비의 3.8%	
		고용보험료	103.268	노무비의 0.87%	
		기타경비	1.510.383	(재료비+노무비)의 5%	
		환경보전비		(재료비+직접노무비+산출경비)의 0.5%	
		퇴직공제부금비		직접노무비의 2.3%	
		건강보험료	183.610	직접노무비의 1.7%	
		연금보험료	268.934	직접노무비의 2.49%	
		노인장기요양보험료		건강보험료의 6.55%	
		산업안전보건관리비	900.377	(재료비+직접노무비)의 3.09%	
		소계	4.947.300		
계			35.154.967	자재비+노무비+경비	
일반관리비			2.109.298	(자재비+노무비+경비)*6%	
이윤			5.273.245	(자재비+노무비+경비)*15%	
합계			42.537.510		
부가세			4.253.751	합계의 10%	
총공사비			46.791.261		

감정서 사례 17. [감정내역서 – 총액내역서: 하자보수비 감정]

감정내역서

번호	품명	규격	단위	수량	재료비 단가	재료비 금액	노무비 단가	노무비 금액	경비 단가	경비 금액	직접비 소계	건강보험료	기타경비	경비 계	이윤	총	건설 소계	공사비 합계	공사원가	비고
감정1-1	지하층 합포방언(인수박스)		식	1.00	985,037	985,037	340,812	340,812	-	-	1,325,849	16,802	39,775	56,578	27,649	12,751	96,977	1,422,826	1,422,826	
감정1-2	황토방 아래층 몰탈 단열재		식	1.00	296,625	296,625	-	-	-	-	296,625		8,899	8,899	6,110	450	15,460	312,085	312,085	
감정1-3	보일러설비(난방배관 포함)		식	1.00	188,110	188,110	610,743	610,743	-	-	798,853	30,110	23,966	54,075	17,059	20,456	91,590	890,443	890,443	
감정1-4	황토 몰탈작업		식	1.00	45,886	45,886	327,716	327,716	-	-	373,602	16,156	11,208	27,364	8,019	10,893	46,277	419,879	419,879	
감정1-5	황토방전기(설비+조명제외)		식	1.00																
감정1-6	옥관사(자재비+인건비)		식	1.00	832,378	832,378	1,400,000	1,400,000	-	-	2,232,378	69,020	66,971	135,991	47,367	47,501	230,859	2,463,237	2,463,237	
감정2-1	칸코변경 AWD10 추가		식	1.00	1,421,400	1,421,400	-	-	-	-	1,421,400		42,642	42,642	29,281	2,158	74,081	1,495,481	1,495,481	
감정2-2	AWD-2 부분확장교체		식	1.00	495,000	495,000	-	-	-	-	495,000		14,850	14,850	10,197	751	25,798	520,798	520,798	
감정2-3	AWD-3 부분확장교체		식	1.00	307,823	307,823	-	-	-	-	307,823		9,235	9,235	6,341	467	16,043	323,866	323,866	
감정2-4	AW-6(작은방박스)		식	1.00																
감정2-5	AW-9(안방욕실)		식	1.00																
감정2-6	AW-13(안방 픽스)		식	1.00																
감정2-7	AWD-13(작은방 2조)		식	1.00																
감정2-8	AWD-8(안방 간창)		식	1.00																
감정2-9	AWD-9(안방 간데스창)		식	1.00																
감정2-10	2.3층 거실 자동문 설치		식	1.00	3,771,120	3,771,120	1,145,446	1,145,446	-	-	4,916,566	56,470	147,497	203,967	102,411	43,555	349,933	5,266,499	5,266,499	
감정3	판넬, 아트월, 목공사 간접조명		식	1.00	240,000	240,000	1,200,000	1,200,000	-	-	1,440,000	59,160	43,200	102,360	30,847	39,996	173,203	1,613,203	1,613,203	
감정4	외 몰탈 타일공사		식	1.00	-2,261,551	-2,261,551	-187,396	-187,396	13,540	13,540	-2,435,407	-9,239	-73,468	-82,707	-50,362	-9,208	-142,277	-2,577,684	2,577,684	
감정5	선큰공사비+복지재 인건비		식	1.00																
감정6	외부 배수설비 추가사공		식	1.00																
감정7	임시계량기 반환금		식	1.00					114	114	114									
감정8	2.3층 발코니 간건(변흥→우리) 변경사공		식	1.00	-849,490	-849,490	22,268	22,268	-	-	-827,108	1,098	-24,817	-23,719	-17,017	-551	-41,286	-868,394	868,394	
감정9	단체室 추가거실		식	1.00																
감정10-1	옥상준조정(칸디) 변경사공		식	1.00	314,720	314,720	85,469	85,469	-	-	400,189	4,214	12,006	16,219	8,328	3,300	27,848	428,037	428,037	
감정10-2	소나무(H=2 R=2.5) 교체사공		식	1.00	691,700	691,700	-	-	-	-	691,700		20,751	20,751	14,249	1,050	36,050	727,750	727,750	
감정10-3	모과나무변경사례비(해송,감나무->모과나무)		식	1.00	14,100	14,100	-	-	-	-	14,100		423	423	290	21	735	14,835	14,835	
감정11	야외몰공사 변경사공		식	1.00																
감정12-1	캔트 등		식	1.00	523,860	523,860	-	-	-	-	523,860		15,716	15,716	10,792	795	27,303	551,163	551,163	
감정12-2	안방		식	1.00																
감정12-3	은박실		식	1.00																
감정13	핸드레일, 경첩 변경사공		식	1.00	60,000	60,000	-	-	-	-	60,000		1,800	1,800	1,236	91	3,127	63,127	63,127	
감정14	배수설재공사		식	1.00																
계					7,076,718	7,076,718	4,945,050	4,945,050	13,654	13,654	12,035,430	243,791	360,653	806,445	252,797	374,479	1,693,721	13,067,235	13,067,151	

감정서 사례 18. [감정내역서 – 항목별 내역서 : 추가공사비 감정]

5. 결론

이 사건 피고가 공사를 중단한 시점의 기성고 비율은 72.71%이며, 이에 따른 기성고 공사비는 48,279,001원(VAT포함)이다. 산출근거는 다음과 같다.

구분	산출근거	비고
기성고 비율	$$\frac{\text{기시공 부분에 소요된 공사비}}{(\text{기시공 부분에 소요된 공사비}) + (\text{미시공 부분에 소요될 공사비})} = \text{기성고 비율(\%)}$$ $$\frac{55,571,339 원}{55,571,339 원 + 20,858,100 원} = 72.71\%$$	대법원 '92.3.31. 선고91다42630 판결 외 기준
기성고 금액	66,400,000원 × 72.71% = 48,279,001원 (계약금액)　(기성고비율)　(기성금액)	VAT 포함

감정서 사례 19-1. [감정내역서 - 기성고 공사비 감정]

2. 공사원가 계산서

번호	품 명	규격	단위	수량	재료비 단가	재료비 금액	노무비 단가	노무비 금액	경비 단가	경비 금액	직접비 소계	간접 노무비	산재, 고용	연금, 퇴직, 보험료	건강 보험료	노인장기요양관리요	안전 관리비	기타 경비	환경 보전비	경비 소계	일반 관리비	이윤	간접비 소계	공사비 계	부가 세	공사원가	비고
	기시공부분에 소요된 공사비																										
1	1-1. 내부전기배선공사		식	1	259,414	259,414	864,717	864,717	-	-	1,124,131	83,878	45,248	21,531	14,700	963	43,841	57,984	5,621	189,889	83,874	183,354	540,994	1,665,125	166,512	1,831,637	-
2	1-2. 조명기구공사		식	1	1,134,353	1,134,353	811,843	811,843	-	-	1,946,196	78,749	42,481	20,215	13,801	904	75,902	97,197	9,731	260,231	137,111	193,190	669,281	2,615,477	261,548	2,877,024	-
3	1-3. 목공사		식	1	1,442,787	1,442,787	5,452,176	5,452,176	30,286	30,286	6,895,249	528,861	285,295	135,759	92,687	6,071	267,734	354,904	34,476	1,176,926	516,062	1,155,647	3,377,496	10,272,745	1,027,274	11,300,019	-
4	1-4. 도장사(도배 변경공사)		식	1	1,775,037	1,775,037	3,872,056	3,872,056	70,506	70,506	5,717,599	375,589	202,613	96,414	65,825	4,312	220,237	299,089	28,588	907,077	420,016	846,787	2,549,469	8,267,068	826,707	9,093,774	-
5	1-5. 바닥공사		식	1	2,797,956	2,797,956	6,061,797	6,061,797	120,771	120,771	8,980,524	587,994	317,195	150,939	103,051	6,750	345,530	453,492	44,903	1,421,859	659,423	1,327,777	3,997,053	12,977,577	1,297,758	14,275,334	-
6	1-6. 내부금속공사		식	1	577,772	577,772	2,632,789	2,632,789	912	912	3,211,473	255,381	137,766	65,556	44,757	2,932	125,212	166,365	16,057	558,646	241,530	553,389	1,608,945	4,820,418	482,042	5,302,459	-
7	1-7. 유리공사		식	1	267,139	267,139	420,241	420,241	-	-	687,380	40,763	21,990	10,464	7,144	468	26,808	34,951	3,437	105,262	50,004	92,441	288,470	975,850	97,585	1,073,435	-
8	1-8. 기존내부사인		식	1	708,295	708,295	205,256	205,256	-	-	913,551	19,910	10,740	5,111	3,489	229	35,628	44,806	4,568	104,572	62,282	58,803	245,566	1,159,117	115,912	1,275,029	-
9	1-9. 공사잔물처리		식	1																							-
10	1-10. 홀연부스		식	1	15,709	15,709	1,329,102	1,329,102	43	43	1,344,854	128,923	69,548	33,095	22,595	1,480	52,448	70,739	6,724	256,628	103,824	272,778	762,154	2,107,008	210,701	2,317,708	-
11	1-11. 카운터공사		식	1	1,653,767	1,653,767	564,818	564,818	-	-	2,218,585	54,787	29,555	14,064	9,602	629	86,525	109,122	11,093	260,590	152,038	154,835	622,250	2,840,835	284,083	3,124,918	-
12	1-12. 렌공사		식	1																							-
13	1-13. 특수지역경비		식	1																							-
14	1-14. 스마트폭싱, 헬민텍셜장		식	1																							-
15	2-1. 철거공사		식	1	2,500,000	2,500,000	-	-	-	-	2,500,000									-	-	-	2,500,000	2,500,000	-	2,500,000	-
16	2-2. 순간온수기		식	1																							-
17	2-3. 도시가스공사		식	1																							-
18	2-4. 소방방비공사		식	1																							-
19	2-5. 소방전기공사		식	1																							-
20	2-6. 소방전실써다리공사		식	1																							-
21	2-7. 외부덕트연장공사		식	1																							-
22	2-8. 외부LED간판/광출		식	1																							-
23	2-9. 내부스크린룸관리공사		식	1																							-
24	2-10. 송합공사/외부건설공사		식	1																							-
25	2-11. 냄·난방기공사		식	1																							-
26	2-12. 화장실		식	1																							-
27	2-13. 복도도장		식	1	600,000	600,000	-	-	-	-	600,000									-	36,000	-	600,000	600,000	-	600,000	-
	[합 계]					13,702,229		22,214,795		222,518	36,139,542	2,154,835	1,162,431	553,148	377,652	24,736	1,279,864	1,678,649	165,198	5,241,678	2,462,163	4,838,998	14,666,675	50,805,217	4,770,122	55,571,339	

감정서 사례 19-2. [감정내역서 – 기성고 공사비 감정 : 기시공부분에 소요된 공사비]

번호	품 명	규격	단위	수량	재료비 단가	재료비 금액	노무비 단가	노무비 금액	경비 단가	경비 금액	직접비 소계	간접비 노무비	산재,고용	연금,퇴직	건강,보험료	노인장기요	기타경비	안전관리비	환경보전비	경비소계	일반관리비	이윤	간접비소계	공사비소계계	공사부가세	공사원가	비고
	미시공부분에 소요될 공사비																										
1	1-1. 내부전기배선공사		식	1	86,472	86,472	288,239	288,239	-	-	374,711	27,959	15,083	7,177	4,900	321	14,614	19,528	1,874	63,296	27,958	61,118	180,331	555,042	55,504	610,546	
2	1-2. 조명기구공사		식	1	970,011	970,011	834,120	834,120	-	-	1,804,131	80,910	43,647	20,770	14,180	929	70,361	90,482	9,021	249,389	128,066	193,873	652,237	2,456,368	245,637	2,702,005	
3	1-3. 목공사		식	1	240,000	240,000	-	-	-	-	240,000	-	-	-	-	-	9,360	11,520	1,200	22,080	15,725	5,671	43,476	283,476	28,348	311,823	
4	1-4. 도장공사(도배 변경공사)		식	1	-	-	-	-	-	-	-	-	-	-	-	-	-	-	-	-	-	-	-	-	-	-	
5	1-5. 바닥공사		식	1	-	-	-	-	-	-	-	-	-	-	-	-	-	-	-	-	-	-	-	-	-	-	
6	1-6. 내부금속공사		식	1	-	-	-	-	-	-	-	-	-	-	-	-	-	-	-	-	-	-	-	-	-	-	
7	1-7. 유리공사		식	1	68,024	68,024	107,009	107,009	-	-	175,033	10,380	5,599	2,665	1,819	119	6,826	8,900	875	26,804	12,733	23,539	73,455	248,488	24,849	273,337	
8	1-8. 기본내부사인		식	1	1,066,425	1,066,425	205,256	205,256	-	-	1,271,681	19,910	10,740	5,111	3,489	229	49,596	61,996	6,358	137,520	85,747	67,265	310,441	1,582,122	158,212	1,740,334	
9	1-9. 공사폐물처리		식	1	-	-	-	-	70,264	70,264	70,264	-	-	-	-	-	-	-	351	351	4,237	11,228	15,816	86,080	8,608	94,688	
10	1-10. 줄눈부스		식	1	-	-	-	-	-	-	-	-	-	-	-	-	-	-	-	-	-	-	-	-	-	-	
11	1-11. 카운터공사		식	1	156,973	156,973	185,961	185,961	-	-	342,934	18,038	9,731	4,630	3,161	207	13,374	17,327	1,715	50,145	24,667	41,822	134,672	477,606	47,761	525,367	
12	1-12. 판공사		식	1	3,000,000	3,000,000	-	-	-	-	3,000,000	-	-	-	-	-	-	-	-	-	-	-	-	3,000,000	300,000	3,300,000	
13	1-13. 특수지역경비		식	1	2,500,000	2,500,000	-	-	-	-	2,500,000	-	-	-	-	-	-	-	-	-	-	-	-	2,500,000	-	2,500,000	
14	1-14. 스마트복사, 음반촬영		식	1	4,800,000	4,800,000	-	-	-	-	4,800,000	-	-	-	-	-	-	-	-	-	-	-	-	4,800,000	-	4,800,000	
15	2-1. 철거공사		식	1	-	-	-	-	-	-	-	-	-	-	-	-	-	-	-	-	-	-	-	-	-	-	
16	2-2. 순간온수기		식	1	-	-	-	-	-	-	-	-	-	-	-	-	-	-	-	-	-	-	-	-	-	-	
17	2-3. 도시가스공사		식	1	-	-	-	-	-	-	-	-	-	-	-	-	-	-	-	-	-	-	-	-	-	-	
18	2-4. 소방설비공사		식	1	-	-	-	-	-	-	-	-	-	-	-	-	-	-	-	-	-	-	-	-	-	-	
19	2-5. 소방전기공사		식	1	-	-	-	-	-	-	-	-	-	-	-	-	-	-	-	-	-	-	-	-	-	-	
20	2-6. 소방전실사다리공사		식	1	-	-	-	-	-	-	-	-	-	-	-	-	-	-	-	-	-	-	-	-	-	-	
21	2-7. 외부덕트연장공사		식	1	-	-	-	-	-	-	-	-	-	-	-	-	-	-	-	-	-	-	-	-	-	-	
22	2-8. 외부 LED 간판/틀출		식	1	-	-	-	-	-	-	-	-	-	-	-	-	-	-	-	-	-	-	-	-	-	-	
23	2-9. 내부폴딩도어공사		식	1	-	-	-	-	-	-	-	-	-	-	-	-	-	-	-	-	-	-	-	-	-	-	
24	2-10. 승강공사/외부건건공사		식	1	-	-	-	-	-	-	-	-	-	-	-	-	-	-	-	-	-	-	-	-	-	-	
25	2-11. 냉난기기공사		식	1	-	-	-	-	-	-	-	-	-	-	-	-	-	-	-	-	-	-	-	-	-	-	
16	2-12. 화장실		식	1	4,000,000	4,000,000	-	-	-	-	4,000,000	-	-	-	-	-	-	-	-	-	-	-	-	4,000,000	-	4,000,000	
17	2-13. 복도도장		식	1	-	-	-	-	-	-	-	-	-	-	-	-	-	-	-	-	-	-	-	-	-	-	
	합 [계]					16,887,904		1,620,585		70,264	18,578,753	157,197	84,800	40,353	27,550	1,805	164,131	209,553	21,394	549,585	299,132	404,514	1,413,428	19,991,341	868,918	20,858,100	

감정서 사례 19-3. [감정내역서 – 기성고 공사비 감정 : 미시공부분에 소요될 공사비]

2024년 건축·산업환경설비공사 원가계산 간접공사비(제비율) 적용기준

※ 적용시기 : 2024. 1. 1. 기초금액 발표분부터

공사규모 (직접공사비)	공사기간	[건설노무비] (지노)×율 건축 / 산업	[기타경비] (재+노+경)×율 건축 / 산업	[일반관리비] (재+노+경+일반관리비)×율	[이윤] (노+경+일)×율
50억 미만	6개월 이하 (183일)	12.2 / 12.2	5.8 / 5.8	6.0	15.0
	7~12개월 (365일)	12.2 / 12.2	5.7 / 5.7		
	13~36개월 (1096일)	12.0 / 12.0	6.0 / 6.0		
	36개월 초과 (1096일)	11.7 / 11.7	5.8 / 5.8		
50억 - 300억 미만	6개월 이하 (183일)	11.7 / 11.7	5.8 / 5.8	5.5	
	7~12개월 (365일)	11.5 / 11.5	6.1 / 6.1		
	13~36개월 (1096일)	11.2 / 11.2	5.9 / 5.9		
	36개월 초과 (1096일)	11.2 / 11.2	5.9 / 5.9		
300억 - 1000억 미만	6개월 이하 (183일)	11.5 / 11.5	5.9 / 5.9	5.0	12.0
	7~12개월 (365일)	11.5 / 11.5	5.8 / 5.8		
	13~36개월 (1096일)	11.3 / 11.3	6.1 / 6.1		
	36개월 초과 (1096일)	11.0 / 11.0	5.9 / 5.9		
1000억 이상	6개월 이하 (183일)	11.1 / 11.1	5.6 / 5.6	4.5	9.0
	7~12개월 (365일)	10.9 / 10.9	5.9 / 5.9		
	36개월 초과 (1096일)	10.5 / 10.5	5.6 / 5.6		

[환경보전비]
공사규모 (직접공사비)	율
도로공사(교량, 터널, 활주로 등)	0.9
플랜트(석유·가스·발전소, 스케기시설 등)	0.4
지하철	0.5
철도	1.5
상하수도(대는·배수·취수시설·정수장 등)	0.5
항만(간척, 준설) 오피 또는 준설매체적 및 산업설비	0.8
댐(일체, 혼합) 오피 또는 준설배치(각종)	0.8
택지개발	0.6
기타 토목(하천 등)	0.8
주택(세가발 재건축)	0.7
주택(신축)	0.3
조경, 기타건물 및 건축공사	0.3

[건설하도급대금지급보증서발급수수료]
공사규모 (직접공사비)	수수료 (직접비×0.014%×공기개월)
70억 미만	[1배월분+(직공비×75%×0.0102%×공기개월)]
70억이상~120억미만	[1.5배월분+(직공비×130%×0.0077%×공기개월)]
120억이상~250억미만	[2배월분+(직공비×250%×0.0063%×공기개월)]
250억이상~500억미만	[2.4배월분+(직공비×500%×0.0050%×공기개월)]
500억 이상	[3배월분+(직공비×500%×0.0050%×공기개월)]

[건설기계대여대금지급보증서발급금액]
		종합건설			전문건설
구분	율	구분	율	구분	율
건축공사	0.07	비계구조물해체공사	0.68		
산업설비공사	0.16	식생공사·실내건축공사, 철근콘크리트공사, 가스시설공사(1종)	0.32		
		도장공사, 철강재설치공사	0.16		
		기계설비공사·및 그 외	0.10		

[산업안전보건관리비]
(재·노+도급자지급품)×율×기초액 또는 [(재·노)×율+기초액]×1.2 중에 적은 금액

구분	대상액 5억원 미만	5억~50억 미만	50억 이상
	비율(율)	비율(율)×율+기초액	비율(율)
일반건설공사(갑)	2.93	1.86 / 5,349	1.97
일반건설공사(을)	3.09	1.99 / 5,499	2.10
중건설공사	3.43	2.35 / 5,400	2.44
철도·궤도신설공사	2.45	1.57 / 4,411	1.66
특수및기타건설공사	1.85	1.20 / 3,250	1.27

감정서 사례 20. [감정내역서 – 조달청 고시 공사원가 제비율표]

5. 항목별 일위대가표

품 명	규 격	단위	수량	재료비 단가	재료비 금액	노무비 단가	노무비 금액	경비 단가	경비 금액	합계 단가	합계 금액	비고
1-1. 내부전기배선공사												
내부전기배선 및 조명기구연결		식	1	345,886	345,886	1,152,956	1,152,956			1,498,842	1,498,842	호표 1
1-2. 조명기구공사												
LED 등기구 설치	다운라이트, 15W	EA	1	40,863	40,863	28,769	28,769			69,632	69,632	호표 2
형광등 설치(십자등)	30W 이하 * 2(십자등)	EA	1	31,052	31,052	35,080	35,080			66,132	66,132	호표 3
형광등 설치-매입/반매입	20W 이하	EA	1	46,191	46,191	39,720	39,720			85,911	85,911	호표 4
1-3. 목공공사												
석고판 나사 고정	천장, 2겹 붙임	M2	1	3,843	3,843	12,309	12,309	94	94	16,246	16,246	호표 5
목재틀 설치	30*30, @300	M2	1	1,190	1,190	12,971	12,971			14,161	14,161	호표 6
석고판 나사 고정	벽, 2겹 붙임	M2	1	3,843	3,843	9,469	9,469	94	94	13,406	13,406	호표 7
목문설치	940*2040*36, 시공비포함	EA	1	120,000	120,000					120,000	120,000	자재38
1-4. 도장공사(도배 변경공사)												
도배 - 합판 · 석고보드면	천장, 종이벽지	M2	1	1,877	1,877	5,480	5,480			7,357	7,357	호표 8
도배 - 합판 · 석고보드면	벽, 종이벽지	M2	1	1,877	1,877	4,215	4,215			6,092	6,092	호표 9
타일떠붙임(18mm)	벽, 논슬립 400*400(백색줄눈)	M2	1	14,858	14,858	31,679	31,679	888	888	47,425	47,425	호표 10
파벽돌붙임(18mm)	파벽돌(백색줄눈)	M2	1	38,857	38,857	35,474	35,474	991	991	75,322	75,322	호표 11
1-5. 바닥공사												
타일압착붙임(바탕 24mm+인 5mm)	바닥, 400*400(일반C, 백색줄눈)	M2	1	14,804	14,804	32,073	32,073	639	639	47,516	47,516	호표 12
1-6. 내부금속공사												
사인보드(벽)	50*50 설치비, 페인트 포함	m	1	3,182	3,182	13,916	13,916	9	9	17,107	17,107	호표 13
칸막이	50*100 설치비, 페인트 포함	m	1	5,608	5,608	24,624	24,624	14	14	30,246	30,246	호표 14
원형 환기휀		EA	1	14,031	14,031	67,703	67,703			81,734	81,734	호표 15
1-7. 유리공사												
벽체로고	5mm, 컬러유리, 설치 포함	m2	1	8,398	8,398	13,211	13,211			21,609	21,609	호표 16
사인보드(벽)	5mm, 투명유리, 설치 포함	m2	1	8,398	8,398	13,211	13,211			21,609	21,609	호표 17
화장실앞 칸막이	5mm, 투명유리, 설치 포함	m2	1	8,398	8,398	13,211	13,211			21,609	21,609	호표 18
1-8. 기본내부사인												
벽체로고	인테리어필름, 단색	m2	1	29,500	29,500					29,500	29,500	호표 19
칸막이로고	인테리어필름, 단색	m2	1	29,500	29,500					29,500	29,500	호표 20
사인보드(벽)	인테리어필름, 단색	m2	1	29,500	29,500					29,500	29,500	호표 21
화장실앞칸막이	인테리어필름, 단색	m2	1	29,500	29,500					29,500	29,500	호표 22
사인물 부착	보통인부	인	1			102,628	102,628			102,628	102,628	노임 1
1-9. 공사폐물처리												
건설폐기물처리	수집, 운반 포함	톤	1					45,714	45,714	45,714	45,714	호표 23
1-10. 흡연부스												
석고판 나사 고정	천장, 2겹 붙임	M2	1	99,880	99,880	67,734	67,734			167,614	167,614	호표 5
목재틀 설치	30*30, @300	M2	1			7,532	7,532			7,532	7,532	호표 6

감정서 사례 21. [감정내역서 – 항목별 일위대가표]

수량산출근거

번호	품명	규격	단위	산출 서식	산출 수량	비고
1. 4개 도크 공사 부분의 하자						
가. 철근 등이 설치 기준에 미달						
	도크 콘크리트 철거		m²	=(1.1+14)*2*0.4*0.2*2+(0.9+12)*2*0.4*0.2*2	8.96	4개 도크 전체
	폐기물		ton	=8.96*2.3	20.61	4개 도크 전체
	철근		m	=(1.8*2+0.4*7+14.8*2+0.4*50)*2*2+(1.7*2+0.4*7+12.8*2+0.4*44)*2*2	421.60	4개 도크 전체
	거푸집 설치·해체		m²	=((1.1+14.0)*2*2+(0.9+12.0)*2*2)*0.2	22.40	4개 도크 전체
	콘크리트 타설		m²	=(1.1+14)*2*0.4*0.2*2+(0.9+12)*2*0.4*0.2*2	8.96	4개 도크 전체
나. 일부 도크 안의 중간 부위의 콘크리트 일부가 떨어져 나감						
	도크 벽체 중간 앵글 ㄷ-형강 레일 재시공	ㄷ-형강 레일	m	=14.0*2*2+12.0*2*2	104.00	4개 도크 전체
	무수축 몰탈 보수	ㄷ-형강 레일 주변 밀실 불량	m²	=(14*0.15*2*2+12.0*0.15*2*2)*0.1	1.56	4개 도크 전체
	무수축 몰탈 보수	콘크리트 탈락	m²	=(0.5*0.5+1.0*0.3+0.3*0.3)*0.1	0.06	
	면보수	도크 벽체 요철 및 평탄 불량	m²	=5.0*1.3*2+3.0*1.0+0.5*0.5	16.25	
다. 균열, 누수						
	균열 보수	건식 균열 보수	m	=0.5*2+0.3*2+2.0+1.5+1.0+0.3*2	6.70	
	균열 보수	습식 균열 보수	m	=1.0+1.5+1.0+0.3	3.80	
	철판 보강	도크 코너 이격 부위	개소	=2	2.00	
	바닥 우레탄 방수		m²	=1.1*14.0*2	30.80	
2. 약정한 공장 건물 외벽 왼쪽 부분의 바닥 콘크리트 높이의 부족						산정제외
	해당없음					
3. 약정한 우수가 빠져 나갈 수 있는 공사 미시행						산정제외
	해당없음					
4. 사무실 누수						산정제외
	해당없음					
5. 약정한 외벽(공장 왼쪽) 설치 공사 누락						
	THK 50 난연판넬 설치시		m²	=캐드 구적 58.5	58.50	
6. 약정한 윤활유 업체와의 경계에 벽체 설치 누락						
	THK 50 난연판넬 설치		m²	=캐드 구적 90.18	90.18	

감정서 사례 22. [감정내역서 – 수량산출서]

단가대비표

품명	규격	단위	물가정보	PAGE	거래가격	PAGE	물가자료	PAGE	조사가격1	PAGE	조사가격2	PAGE	적용단가	노무비	번호	비고
보통인부	일반공사 직종	인	-		-				-		-			109.819	노임 1	
특별인부	일반공사 직종	인	-		-				-		-			133.417	노임 2	
비계공	일반공사 직종	인	-		-				-		-			189.303	노임 3	
목공	일반공사 직종	인	-		-				-		-			189.585	노임 4	
철근공	일반공사 직종	인												169.201	노임 5	
콘크리트공	일반공사 직종	인												176.062	노임 6	
철골공	일반공사 직종	인												152.559	노임 7	
건축공	일반공사 직종	인												159.626	노임 8	
방수공	일반공사 직종	인												130.819	노임 9	
미장공	일반공사 직종	인												175.547	노임 10	
도장공	일반공사 직종	인												153.890	노임 11	
배관공	일반공사 직종	인												176.988	노임 12	
연마공	일반공사 직종	인												135.816	노임 13	
내장공	일반공사 직종	인												165.367	노임 14	
용접공	일반공사 직종	인												170.500	노임 15	
철근	HD13	TON	-		-		675.000	42	-		-		675.000		자재 1	
레드믹스콘크리트	25-21-120	M3	-		-		68.700	111					68.700		자재 2	
형강	ㄷ-형강	TON	810.000	73	840.000	38	770.000	44					770.000		자재 3	
무수축 모르타르	유니온그라우트 EM	kg			-		400	106					400		자재 4	
시멘트	KSL5201	kg	-		-		110	106	-				110		자재 5	
모래	인천, 도착도, 해사	M3					23.000	103					23.000		자재 6	
건식균열주입재		kg					17.000	128					17.000		자재 7	
건식균열충진재		kg					9.000	128					9.000		자재 8	
주입기		EA	600	221	600		550	128					550		자재 9	
연마석		EA			7.100	1321	7.810	1420					7.100		자재 10	
습식균열주입재		kg					23.000	128					23.000		자재 11	
습식균열충진재		kg					15.000	128					15.000		자재 12	
탄성퍼티		kg					5.500	125					5.500		자재 13	
우레탄 프라이머	UC-101	kg	4.500	228			4.500	126					4.500		자재 14	
탄성방수	OU-300	kg					6.000	128					6.000		자재 15	

감정서 사례 23. [감정내역서 – 단가조사표]

나. 조사현황도

조사현황도는 항목별 감정사항에 대해 감정인이 확인한 위치와 상태를 도면에 표시한 것으로 감정인은 물론 법관과 당사자들에게도 중요하다. 이를 통해 감정인이 확인한 상태를 전반적으로 파악할 수 있으며, 표시된 위치를 통해 하자의 발생 원인이나 시공과정 등을 추정할 수 있다. 아울러 조사현황도는 수량을 산출하는 근거자료다.

조사현황도는 현장에서 수기로 작성한 것과 이를 CAD-FILE로 정리한 것이 있는데 감정서에 첨부하는 것은 어떤 것이라도 상관없다. 하지만 글씨나 숫자는 누구라도 확인하기 쉽게 표기해야 한다. 그리고 현장에서 작성한 원본은 해당 소송이 끝나더라도 상당기간 보관이 필요하다. 항소심이나 관련 소송에서 사실조회가 발생할 수 있기 때문이다.

다. 현황사진

감정내역서와 조사현황도 외 감정보고서에 포함되어야 할 것은 현황사진이다. 현황사진 중 해당 감정항목과 직접적인 관계가 있거나 상황을 가장 잘 설명할 수 있는 것은 항목별감정사항에 첨부한다. 그리고 나머지 감정과 관련된 사진은 현황사진으로 정리하여 감정서에 별도로 첨부한다. 감정서에 첨부하지 않더라도 현장사진은 가급적 많이 찍어 보관하는 것이 좋다. 감정인의 기억력에는 한계가 있고, 현장상태가 달라질 수 있으며, 감정과정은 물론 사실조회 등 질문이 발생할 때마다 현장에 가서 확인할 수 없기 때문이다.

라. 기타 자료

전문지식과 관련해 감정에 적용한 이론이나 공식, 법규 및 제출된 자료 중 감정과 직접적으로 관련된 것은 발췌하여 첨부하는 것이 좋다. 감정보고서만으로 감정결과를 이해할 수 있어야하기 때문이다. 법관이나 당사자가 감정서를 이해하기 위해 감정서외 별도의 자료를 찾는 노력이 필요하다면 이는 바람직하지 않으며 감정인에게도 손해다. 감정서를 통해 이해되지 못한 것들은 결국 사실조회나 감정인심문을 통해 감정인에게 돌아오기 때문이다.

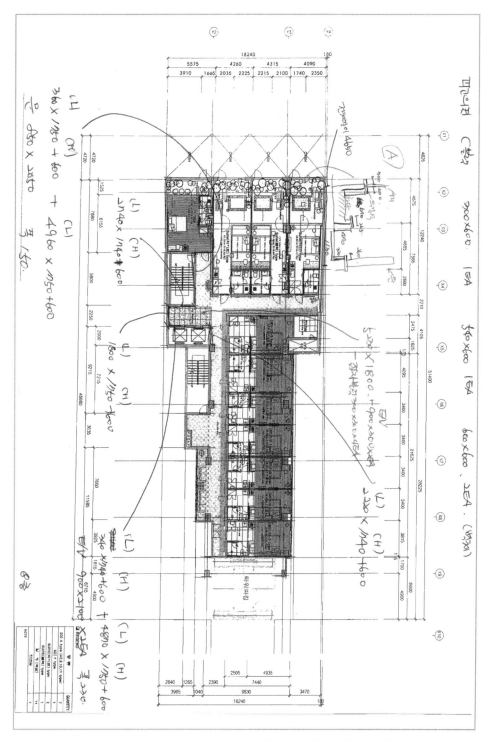

감정서 사례 24. [조사현황도-1 : 수기작성]

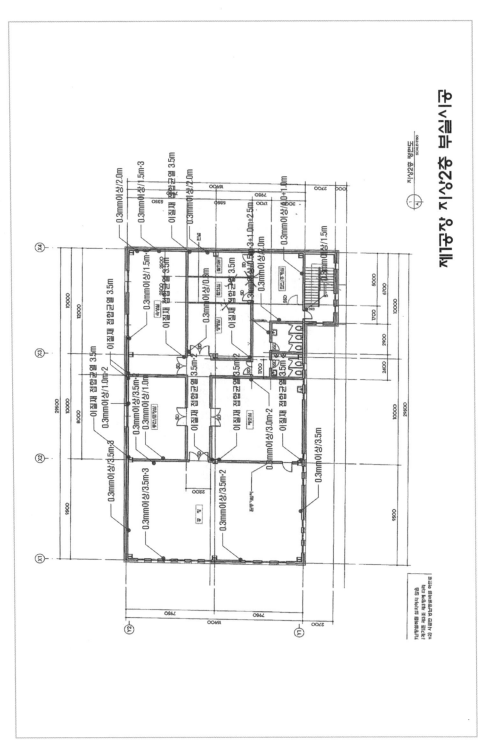

감정서 사례 25. [조사현황도-2 : CAD-FILE 정리]

5) 현황사진

현 황 사 진	현 황 사 진

바닥 배수구 보수작업	젠다이 누수로 인해 상가 천장 누수

젠다이 누수로 인해 상가 천장 누수	샤워장 출입구 누수부분(원고 직접보수)
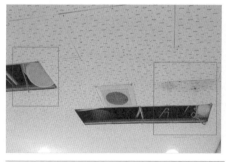	
파우더룸 천장 누수 및 누수 흔적	습식사우나 벽체 타일 시공상태

감정서 사례 26. [현황사진]

3

참 고 자 료

감정서 사례 27. [참고자료]

제 **4** 장

건설감정서 쓰기

건설감정서를 동일한 양식으로 쓰도록 강제할 수 없다. 하지만 양식은 다르더라도 보고서로서 반드시 갖춰야 할 것과 주의해야 할 것이 있다. 갖춰 야할 것들은 '건설감정서 구성'을 통해 확인했다. 감정서를 쓸 때 주의할 것 은 감정서유형 구분하기, 관련근거 제시하기, 이해하기 쉬운 글쓰기다.

Ⅰ. 감정서유형 구분하기

건설감정서는 감정신청사항, 즉 감정을 통해 확인해야 할 것에 따라 두 가지 유형으로 구분할 수 있다. 금액을 산출하는 것과 산출하지 않는 경우다. 금액을 산출하지 않는 경우는 면적, 경계선침범 등과 같이 상태를 확인하거 나 공사기간 또는 지연일수 및 설계유사도 등에 대한 감정이다. 그리고 금액 을 산출하는 경우는 다시 두 가지로 구분된다. 공사비, 간접비, 기성고공사 비, 설계비·감리비 등 용역비와 같이 감정금액이 하나인 경우와 건축피해, 추가공사비, 하자보수비, 원상복구비 등과 같이 감정금액을 총액과 더불어 항목별로 구분해야 하는 경우다.

표 9. 감정유형 구분

감정신청사항	상태&기간 확인	금액산출		비고
		단일금액	항목별금액	
건축측량, 상태	●	–	–	
설계유사도	●	–	–	
설계비, 감리용역비	–	△	–	
지체상금	●	△	–	
공사비, 간접비	–	●	○	
기성고공사비	–	●	–	
추가공사비	–	–	●	
하자보수비	–	–	●	
유익비, 원상복구비	–	–	●	
건축피해	●	–	●	손해배상(보수비)

감정서유형 중 명확히 구분되는 것은 공동주택하자소송 감정서다. 이는 서울중앙지방법원이 건설감정실무를 통해 감정서양식을 제시했기 때문이다. 하지만 다른 감정은 감정인마다 각기 다른 양식을 사용하고 있는데 그중에는 해당 감정유형에 적합하지 않는 경우도 있다. 예를 들면 일반건축물하자나 추가공사비감정에 공동주택하자소송감정서 양식을 사용하는 경우다. 물론 그것이 절대적으로 잘못된다는 것은 아니다. 하지만 적절하지 않은 양식으로 감정서를 작성하면 보고받는 사람에게는 오해가, 보고하는 사람에게는 불필요한 노력이 발생할 수 있다. 공동주택하자소송에서는 해당 하자의 보증기간이나 발생시점이 중요하다. 책임주체가 달라지기 때문이다. 하지만 일반건축물하자나 추가공사비 감정에서는 의미가 없다. 그런데 이들 감정에 공동주택하자감정서 양식을 사용할 경우 감정인에게는 감정서의 공란을 채우기 위해 의미 없는 구분이 필요하다. 혹여 감정인이 해당 감정과 무관한 사항이라 여겨 감정서 해당란을 비워두면 당사자들은 누락된 것으로 생각할 수 있기 때문이다.

금액을 산출하는 감정은 산출금액의 유형, 즉 내역서 작성방법에 따라 감정서 유형이 달라져야 한다. 공사비와 관련된 감정 중 기성고공사비 감정에서 확인하고자 하는 것은 약정금액에 기성고 비율을 반영한 기성고공사비하나다. 이를 위해 공사가 중단된 시점의 시공수량을 산출하고 이에 따라 기시공부분에 소요된 공사비와 미시공부분에 소요될 공사비 내역서를 작성해 기성고 비율을 산출한다. 따라서 기성고공사비 감정서에서 중요한 것은 현장조사서와 수량산출서, 그리고 이에 따른 총액내역서 2개다. 하지만 추가공사비나 하자보수비감정과 같이 항목 하나하나를 다룰 때에는 총액은 물론 항목별 감정금액을 제시해야 한다. 추가공사나 하자해당여부가 계약이나 사실관계에 따라 달라질 수 있기 때문이다.

금액을 산출하지 않는 감정은 도면이나 사진과 같은 시각자료가 첨부된표로 구성되는 경우가 많다. 감정인 입장에서 자신의 의견을 표로 정리하는것이 익숙하기 때문이다. 간혹 감정인 중 감정서의 형식은 중요하지 않다고생각하여 감정결론만 표로 제시하는 경우가 있는데 이는 바람직하지 않다.감정서는 감정결론은 물론 이에 대한 설명이 필요하기 때문이다.

설명하는 방법에 따라 보고받는 사람의 이해정도가 달라질 수 있다. 감정내용을 잘 이해하려면 건축에 대한 지식이나 감정과 관련한 경험이 풍부해야 한다. 하지만 감정서를 읽는 사람들은 둘 다 없는 경우가 대부분이다. 그리고 법관이나 소송대리인과 같이 감정경험이 있더라도 감정서를 이해하는것은 쉽지 않다. 감정인마다 감정서 유형이 다르며 심지어 같은 감정인이 작성한 동일한 유형의 감정서가 사건마다 다른 경우도 있어 매번 감정서를 이해하는데 노력이 필요하기 때문이다. 하지만 감정서가 유형별로 공통점이 있다면 이와 같은 노력을 줄일 수 있다. 이해력은 반복을 통해 발전할 수 있기때문이다. 그뿐만 아니라 유형별 감정서는 감정인에게도 유익하다. 인허가서

류를 작성하듯 유형에 따라 내용을 채워가며 감정서를 작성할 경우 시간과 노력을 절약할 수 있기 때문이다. 그리고 무엇보다 깔끔한 감정서를 작성할 수 있다. 보기 좋은 떡이 먹기에도 좋다는 말은 감정서에도 적용된다. 보기에 좋은 감정서가 이해하기도 쉽다.

Ⅱ. 관련근거 제시하기

건설감정서에서 관련근거를 제시하는 것이 중요한 이유는 이것들이 감정금액을 포함한 감정인 의견과 감정인이 자신의 업무를 충실히 이행한 것을 입증하는 증거이기 때문이다. 감정인이 제시해야 할 관련근거는 현장조사와 금액산출에 대한 것이다.

1. 현장조사

감정인이 현장조사를 하는 이유는 당사자들이 서증으로 제출한 사진이나 동영상 등 자료를 신뢰할 수 없기 때문이다. 당사자는 자신의 이익에 부합되는 주장을 하며 자료도 이를 뒷받침할 수 있는 것만 제출한다. 그러다 보니 촬영위치나 렌즈에 따라 대상이 왜곡된 경우도 있으며, 상황을 악화시켜 촬영하거나 포토샵으로 수정한 것을 제출하는 경우도 있다. 그리고 상대방이 보수를 완료한 사항에 대해서도 최초 발생시점 상태를 기준으로 피해를 주장하는 경우도 있다. 그렇기 때문에 소송이 시작된 이후에도 유지되고 있는 상태, 즉 감정시점 상태를 확인할 필요가 있다. 하지만 법관이 이를 모두 확인할 수 없다. 설사 확인한다 하더라도 이를 근거로 금액을 산출할 수 없다. 그렇기 때문에 감정인에게 법관을 대신해 현장을 확인하고 그에 따른 의견을 제시토록 하는 것이다.

대부분의 경우 현장조사는 육안조사로 진행된다. 하지만 은폐부위의 경우 철거 또는 장비를 이용해 조사해야 하는데 현소유자나 거주자가 거부할 경우 조사가 불가능하다. 이와 같은 경우 감정인이 확인하지 못한 항목에 대해서는 감정에서 제외하고 사유를 감정서에 명시해야 한다. 현장조사와 관련한 근거자료에는 조사현황도와 현황사진이 해당된다.

가. 조사현황도

조사현황도는 항목별 감정사항에 대해 감정인이 확인한 상태와 위치를 도면에 표시한 것으로 감정인은 이를 근거로 수량을 산출하고 법관과 당사자들은 현장상황을 전반적으로 파악할 수 있다.

조사현황도는 사용승인도면에 수기로 작성하는 것이 일반적이며 감정인에 따라 현장조사용 프로그램을 활용하는 경우도 있다. 공동주택 외벽균열과 같이 조사부위면적이 클 때에는 고해상도 카메라나 드론 등으로 촬영하여 이를 CAD Mapping을 통해 조사현황도를 작성하는 경우도 있다. 중요한 것은 조사방법은 다르더라도 조사한 내용과 현장이 일치해야 한다는 것이다. 과거에는 공동주택하자소송감정에서 외벽균열 조사현황도와 현장이 일치하지 않아 문제된 경우가 많았다. 여름철이나 겨울철 현장조사를 불성실하게 한 후 사무실에서 임의로 조사현황도를 작성하였기 때문이다. 조사범위가 광범위하므로 이와 같은 조작이 발견되지 않을 것으로 생각하는 감정인이 있을 수 있다. 하지만 당사자들 중에는 감정인 못지않은 전문지식과 감정경험을 갖고 있는 경우도 있으며 건설감정과 관련하여 조언해주는 전문가들도 많다. 감정인은 감정서로 평가되며 감정서에 포함된 모든 것들이 감정인을 평가하는 척도다. 그런데 그중 하나라도 부적절하다고 확인되면 그로인해 감정전체를 문제 삼을 수 있으며 감정인에게도 피해가 발생할 수 있으므로 주의가 필요하다.

나. 현황사진

현장조사 시 사진을 찍는 이유는 감정인이 자신의 판단근거인 현장조사 시점의 상태(범위, 정도 등)를 입증하기 위해서다. 아울러 감정인이 찍은 사진은 법관이나 소송당사자들이 쟁점과 관련된 상태를 객관적으로 인식할 수 있는 자료는 물론 증거보존으로서 역할도 한다. 소송과정에서 쟁점사항의 상태가 달라질 수 있기 때문이다. 시간경과로 노후가 진행되거나 소송으로 인해 관리가 소홀해져 상태가 악화될 수 있으며 사용이나 안전을 위해 소송이 끝나기 전에 보수 또는 철거하는 경우가 있다. 이와 같은 경우 감정인이 현장조사 시 촬영한 사진이 쟁점상황에 대한 유일한 자료가 될 수 있다. 그러므로 현장사진은 가급적 많이 찍어놓는 것이 좋으며 동영상 촬영을 병행하는 것도 방법이다. 한 장의 사진이 백마디의 설명보다 효과적인 경우가 많다. 그러므로 현황사진은 부위별로 꼼꼼히 촬영할 필요가 있다.

2. 금액산출

감정을 통해 금액을 산출하는 이유 또한 마찬가지다. 공사비나 보수비와 관련하여 당사자들이 제출한 견적서는 수량이나 단가 등 적용기준과 산출근거가 명확하지 않거나 과장되는 경우가 많아 당사자들이 주장하는 금액을 신뢰하기 어렵기 때문이다. 그런데 이와 같은 신뢰는 감정금액에도 동일하게 적용된다. 감정금액 또한 산출근거가 명확하지 않으면 신뢰할 수 없다는 뜻이다. 그러므로 감정서에는 감정금액이 어떻게 산출되었는지 확인할 수 있는 근거가 반드시 포함되어야 한다. 감정금액 산출근거는 감정내역서와 수량산출서 등이다.

가. 감정내역서

앞서 당사자들이 주장하는 금액을 신뢰할 수 없는 이유와 감정내역서가 필요한 이유를 설명하였다. 감정인도 자신이 산출한 감정금액을 입증해야 하기 때문이다.

내역서는 영수증과 같다. 이를 통해 수량과 가격(단가)을 확인할 수 있어야 감정금액이 맞는지도 확인할 수 있기 때문이다. 내역서 수량은 현장조사서를 근거로 산출되며 단가는 내역서에 포함된 항목별 일위대가에 기초하므로 서로 일치해야 하며 인과관계가 형성되어야 한다. 간혹 감정금액과 내역서가 일치하지 않는 경우가 있다. 감정서 작성과정에서 발생한 단순오류이거나 감정금액이 조작된 경우다. 단순오류의 경우 확인을 통해 쉽게 바로잡을 수 있다. 하지만 감정금액이나 단가를 임의로 조정해 내역서와 산출금액이 일치하지 않을 경우 문제가 된다. 감정인이 설명할 수 있는 타당한 이유가 부족하거나 없기 때문이다. 이와 같은 문제가 발생하는 경우 중 가장 많은 것은 항목별 일위대가와 세부일위대가가 일치하지 않는 것이다. 이런 일들이 발생하는 이유는 대부분의 경우 당사자들은 감정금액 총액이나 항목별 감정금액 외 산출근거에 대해서는 관심을 갖지 않기 때문이다. 하지만 전설한 바와 같이 감정서를 분석하는 전문가들이 소송에 참여하는 경우 내역서 항목 모두를 확인하므로 주의가 필요하다.

나. 수량산출서

간혹 항목별 감정금액이 상태와 비교하여 과다하거나 미미하게 산출되는 경우가 있다. 이와 같은 경우 확인해야 하는 것은 수량과 단가다. 단가에 대해서는 앞서 내역서와 관련하여 확인하였다. 수량 또한 마찬가지다. 입력하는 과정에서 발생한 단순오류이거나 수량이 조작되기 때문이다.

감정서 작성과정에 숫자를 잘못 입력하여 오류가 발생할 수 있다. 이런 단순오류는 수량산출서와 내역서 비교를 통해 쉽게 확인할 수 있다. 하지만 이와 더불어 조사현황도를 확인해야 하는 경우도 있다. 수량산출서와 현장조사서 수량이 일치하지 않을 수 있기 때문이다. 집계과정에서 오류가 발생하는 경우도 있지만 간혹 감정인이 현장을 확인하지 않았거나 확인했더라도 수량을 산출하지 않고 당사자가 제시한 자료의 수량을 적용하는 경우도 있다. 이와 같은 경우 대부분은 감정서에 현장조사서나 현황사진이 없거나 있더라도 내용이 미비하다.

3. 관련규정 및 법칙 등

이 밖에 감정에 적용된 관련규정, 법칙 및 각종 지표와 지수, 공공자료 등은 출처와 함께 발췌하여 감정서에 첨부하는 것이 필요하다. 감정인에게는 일반적인 것이라도 법관이나 당사자들에겐 확인이 필요할 수 있기 때문이다.

Ⅲ. 이해하기 쉬운 글쓰기

감정서는 초등학교 고학년 이상이면 읽는 즉시 감정사항 전반과 감정인 의견을 이해할 수 있어야 한다. 물론 전체를 완벽하게 이해하기엔 한계가 있을 수 있다. 하지만 감정결론이 어디에 있는지 알 수 없어 감정서 전체를 살펴봐야 하거나 감정인의견이 명확하지 않고 도출과정 또한 불분명해 이해하는데 노력이 필요하다면 문제다. 이와 같을 경우 감정결론에도 문제가 있을 가능성이 크기 때문이다.

감정인이 객관적이고 명확한 기준에 따라 판단할 경우 결론은 분명하며 내용 또한 간결하다. 그렇지 않다면 설명이 불확실하고 표현은 모호할 수밖에 없다. 변명일수록 말이 길어지는 것과 같은 이치다. 그러므로 감정서는 간결해야 한다. 그리고 즉독즉해卽讀卽解, 읽으면서 바로 이해되어야 한다. 이를 위해 필요한 것이 두괄식頭括式 글쓰기, 명확한 인과관계 그리고 가독성可讀性이다.

1. 두괄식頭括式 글쓰기

두괄식 글쓰기란 말하고자 하는 중심내용을 글의 앞부분에 배치하는 형태로 논리적이거나 실용적인 글을 쓸 때 적합한 방법이다. 반면 중심내용을 뒷부분에 배치하는 형태인 미괄식尾括式 글쓰기는 소설이나 수필과 같이 감성적이고 문학적인 글에 적합하다. 그러므로 실용적인 글쓰기에 해당하는 감정서는 두괄식頭括式 글쓰기가 적합하다.

두괄식 글쓰기는 감정서를 구성하는 양식과 감정내용을 서술하는 방법 모두 해당된다. 두괄식 구성양식은 목차를 통해 확인할 수 있다. 대부분의 감정서는 제출문, 감정수행경과보고, 감정요약문, 감정보고서, 감정내역서, 참고자료로 구성된다. 이 중 제출문과 감정수행경과보고는 감정내용과 무관하며 핵심은 감정요약문이다. 감정요약문은 감정결론에 따른 감정금액이나 감정인 의견을 표 또는 간결한 문장으로 정리한 것으로 감정인이 말하고자 하는 감정서의 중심내용이다. 이처럼 감정서에서 가장 중요한 사항을 서두에 놓는 두괄식 구성방식을 따르는 것은 보고서에 적합하기 때문이다.

목　　차

제 출 문

감정 수행 경과 보고

감정 요약문

감정서 사례 28. [감정서 목차]

감 정 요 약 문

사 건 20**가합***** 공사대금
원 고 **신업 주식회사
피 고 주식회사 ****산업

1. 감정금액 총괄표

구분			세부 항목	감정금액	비고
추가 공사비	1.변경 공사	1	호이스트 크레인	-	
		2	홀 바닥	45,231,341원	
		3	계단 바닥	13,427,156원	
		4	계단 벽체	6,945,321원	
		5	천정 마감	3,826,327원	
		6	사무실 바닥	8,440,288원	
		7	화장실 큐비클	3,838,848원	
			소계	81,709,281원	
	2.신규 공사	1	호이스트 크레인	17,206,991원	
		2	철근 가공 조립	24,929,331원	
		3	진입로 포장	7,700,000원	
		4	디자인 휀스	10,964,940원	
		5	장비반입구	7,686,313원	
		6	외부창호	1,683,483원	
		7	외벽판넬	8,598,518원	
		8	클린룸 화장실	1,276,225원	
			소계	80,045,801원	
			계	161,755,082원	

감정서 사례 29. [감정요약문 – 추가공사비 감정]

감 정 요 약 문

사　건　20**가단**** 손해배상(기)

원　고　***

피　고　주식회사 **

1. 감정 총괄표

구분	감정신청사항 조정	감정사항	비고
원고	가. 복합판 뒷면에 부착된 판이 무엇인지	알루미늄 복합판넬 (Aluminium Composite Panel)	
	나. 복합판 뒷면에 부착된 판과 석재를 붙이기 위해서 사용한 본드의 성분이 무엇인지	에폭시계 접착제 추정	
	다. 복합판이 휘게 된 원인	온도 변화에 따른 석재 변형	
피고	가. 원고가 공급한 복합판은 모두 몇 개이고, 그 중 휘는 현상이 발생한 것은 몇 개인지	850장 확인불가	
	나. 휘는 현상이 발생하게 되는 원인은 무엇인지	원고감정신청사항 '다' 병합	
	다. 현재 현장에 시공된 두겁석과 원고가 철거하여 보관하고 있는 두겁석이 각각 치수가 어떻게 다르고, 원고가 철거하여 보관하고 있는 두겁석에 외관상 하자가 있는지 여부	시공된 두겁석 : 50×618×1030 원고보관 두겁석: 50×611×1008 외관상 하자 없음	

감정서 사례 30. [감정요약문 – 하자보수비 감정]

감 정 요 약 문

사　건　20**가소**** 과지급금반환

원　고　***

피　고　***

1. 감정결과

　이 사건 피고가 공사를 중단한 시점의 기성고 비율은 72.71%이며, 이에 따른 기성고 공사비는 48,279,001원(VAT포함)이다. 산출근거는 다음과 같다.

구분	산출근거	비고
기성고 비율	$$\frac{\text{기시공 부분에 소요된 공사비}}{\text{(기시공 부분에 소요된 공사비)} + \text{(미시공 부분에 소요될 공사비)}} = \text{기성고 비율(\%)}$$ $$\frac{55{,}571{,}339원}{55{,}571{,}339원 + 20{,}858{,}100원} = 72.71\%$$	대법원 '92.3.31. 선고91다42630 판결 외 기준
기성고 금액	66,400,000원 × 72.71% = 48,279,001원 (계약금액)　(기성고비율)　(기성금액)	VAT 포함

감정서 사례 31. [감정요약문–기성고공사비 감정]

감정내용을 서술하는 방식 또한 두괄식이 효과적이다. 결론을 제시한 뒤 이유나 판단근거를 설명하는 것으로 '~에 대한 (감정인의) 의견(또는 결과)은 ~이다. 그 이유는 ~이기 때문이다'와 같은 유형이다.

두괄식 글쓰기의 장점은 전달력이 강하고 내용을 파악하는데 소요되는 시간이 짧다는 것이다. 반면 상황이나 이유를 서술하고 이에 따른 결론을 마지막에 제시하는 미괄식 글쓰기는 감정서에는 적합하지 않다. 결론을 확인하는 데 상대적으로 많은 노력이 필요하기 때문이다. 그러므로 항목별 감정사항에 대한 감정인 의견도 두괄식으로 서술하는 것이 바람직하다.

---

② 철근량 부족

　　대상 건물 신축공사에 소요된 철근량에 대하여 원·피고가 제출한 관련자료를 검토한 결과, 당초 철근량(당초 계약내역서)은 381.311 TON이 명기되어 있으나. 제출된 관련자료 마다 다소 차이가 있는 것으로 확인되었다. 피고(피고3)가 제출한 광주지방검찰청 불기소결정서의 주요 근거자료 철근의 거래명세표(철근량 381.399 TON)는 해당 사건에는 제출된 것으로 되어 있으나, 본 감정당시에는 제출되지 않았다.

　　위에서 당 감정목적물의 철근량을 확인하기 위해 실시한 비파괴 조사를 결과, 주근의 개수는 대부분 설계도서와 일치하는 것으로 확인되었으나, 일부 COLUMN(기둥), GIRDER(큰 보), BEAM(작은 보)의 보조철근의 간격이 설계도서 대비 부족한 것으로 확인되었다. 이는 완성된 건물의 전체 철근배근 상태를 확인하기에는 마감재 등의 은폐로 인해 불가한 상태이므로, 앞에서 개진한 듯이 전물가의 판단으로 일부 주요 구주에 대하여 측정가능한 부분에만 실시한 결과이다.

　　철근량의 부족 부분에 대하여는 원·피고 제출자료 등을 확인한 결과, 정확히 얼마가 어떻게 철근이 부족함을 판단하기에는 다소 어려움이 있고, 피고가 주장하는 철근배근의 해석 차이, 증언 등의 주장 또한 무시할 수 없으나, 주요 구조 부재에 대한 임의선정한 부분의 비파괴 시험 결과를 토대로 철근은 부족함이 확인됨에 따라, 본 감정에서는 비파괴 시험 결과에 따라 당 감정목적물의 건물의 철근은 부족한 것으로 판단하였다. 단, 앞에서 개진한 정확한 부족 부분에 대하여는 확인이 불가한 상태이므로 원·피고는 증빙자료를 근거로 재판과정에서 이에 대한 재판부의 현명한 판단을 받아야 할 것으로 판단된다.

감정서 사례 32-1. [두괄식 글쓰기-미괄식 글쓰기]

③ 콘크리트 강도 부족

　당 감정목적물은 설계당시, 노출콘크리트가 상당수 반영되어 설계가 반영되었을 것으로 확인되었으며, 시공당시, 노출콘크리트 변경에 대한 배경은 알 수 없으나. 시공사(피고)의 전문적 경험과 지식으로 노출콘크리트를 시공함에 앞서, 노출콘크리트의 품질 및 작업성을 고려한 내용을 관리자(건축주, 감리, 설계자)에게 이를 제언하고 이를 관리자와 협의 후 시공하였을 것으로 판단된다. 그러나 앞에서 개진한 듯이 그 구체적(회의록, 승인서, 검토서, 감리일지 등) 관련자료 부존재로 인해 그 배경은 알 수 없다. 노출콘크리트의 콘크리트 강도 변경에 대한 책임의 한계는 관리자가 인지하고 있다면 피고에게만 있는 것은 아닐 것으로 사료된다. 감정당시, 제출한 자료를 검토한 결과, 원·피고의주장만 있을 뿐, 이에 대한 근거자료는 제출되지 않았다. 또한, 피고가 주장하는 당초 계약내역서의 레미콘의 가격과 변경된 레미콘의 가격이 M3당 700원으로 거의 차이가 없어, 고의로 임의 시공한 것은 아닌 점을 주장하는 부분은 앞에서 개진한 듯이 그에 대한 배경 또한 관련자료 미비로 인해 알 수 없다.

　본 감정에서는 콘크리트 강도에 대하여 당초 계약내역서의 레미콘 규격이 상이하게 발주된 점, 변경된 레미콘이 수량의 전체수량 대비 84.24%로 노출콘크리트 부분만 시공된 것은 아닌 점, 콘크리트 압축강도 시험 결과 일부 구간이 설계기준강도보다 낮은 콘크리트 강도가 조사된 점, 조사된 구조물의 균열이 상당수 발생한 점을 고려하여, **콘크리트 강도는 설계와 달리 시공된 것으로 판단하였다.**

　피고의 또 다른 주장 중 콘크리트 압축강도의 재령28일 경과 후 설계기준 강도를 상회하면 문제가 없는 것으로 주장하고 있으나, 앞에서 개진한 듯이 콘크리트의 배합강도는 설계기준강도 대비 10~20% 정도 높게 배합하여 납품하는 것이 통상적인 레미콘 회사의 사례이다. 그 이유는 정확히 주문된 레미콘을 납품할 때, 배합과정의 문제 등으로 인해 납품규격이 상이할 수 있으며, 앞에서 검토한 국토교통부 2016년 콘크리트표준시방서에서도 설계기준 강도보다 배합강도는 충분히 높게 정하도록 명시하고 있다. 이 내용을 정리하자면 콘크리트 강도 21MPa를 발주하였더라도 재령일수 28일이 경과된 콘크리트의 경우 23.1~25.2MPa 이상의 강도가 예상할 수 있다. 이 부분은 콘크리트 강도를 예상하여 발주하는 것이 아닌, 설계된 콘크리트 강도를 최대한 확보하여야 한다는 의미로 해석됨이 사료된다.

감정서 사례 32-2. [두괄식 글쓰기-미괄식 글쓰기]

상기 사례는 철근량 부족 및 콘크리트 강도 변경시공과 관련하여 감정의
견을 미괄식과 중괄식으로 서술한 사례다. 밑줄로 표시한 부분이 감정인의견
이다.**15** 이와 같은 경우 전체 문장에서 감정인의견을 찾기 위해서는 상당한
시간과 노력이 필요하다. 결론이 중간이나 끝부분에 있고 문장 또한 길고 설
명이 섞여 있어 인과관계를 파악하기 쉽지 않기 때문이다. 그런데 만약 감정
인의견이 두괄식 글쓰기에 따라 첫 머리에 있다면 어떠할까?

아래는 상기 감정서 사례 32-1, 2 [두괄식 글쓰기-미괄식 글쓰기]를
내용이나 문구수정 없이 감정인 의견에 해당하는 부분만 문단 서두에 배치한
것으로 두괄식과 미괄식 글쓰기의 차이를 확인할 수 있다.

---

② 철근량 부족

비파괴 시험 결과에 따라 당 감정목적물의 건물의 철근은 부족한 것으로 판단
하였다. 대상 건물 신축공사에 소요된 철근량에 대하여 원·피고가 제출한 관련자
료를 검토한 결과, 당초 철근량(당초 계약내역서)은 381.311 TON이 명기되어 있으
나, 제출된 관련자료 마다 다소 차이가 있는 것으로 확인되었다. 피고(피고3)가 제
출한 광주지방검찰청 불기소결정서의 주요 근거자료 철근의 거래명세표(철근량
381.399 TON)는 해당 사건에는 제출된 것으로 되어 있으나, 본 감정당시에는 제
출되지 않았다. 위에서 당 감정목적물의 철근량을 확인하기 위해 실시한 비파괴
조사를 결과, 주근의 개수는 대부분 설계도서와 일치하는 것으로 확인되었으나, 일
부 COLUMN(기둥), GIRDER(큰 보), BEAM(작은 보)의 보조철근의 간격이 설계
도서 대비 부족한 것으로 확인되었다. 이는 완성된 건물의 전체 철근배근 상태를
확인하기에는 마감재 등의 은폐로 인해 불가한 상태이므로, 앞에서 개진한 듯이
전물가의 판단으로 일부 주요 구주에 대하여 측정가능한 부분에만 실시한 결과다.

철근량의 부족 부분에 대하여는 원·피고 제출자료 등을 확인한 결과, 정확히
얼마가 어떻게 철근이 부족함을 판단하기에는 다소 어려움이 있고, 피고가 주장하
는 철근배근의 해석 차이, 증언 등의 주장 또한 무시할 수 없으나, 주요 구조 부재
에 대한 임의선정한 부분의 비파괴 시험 결과를 토대로 철근은 부족함이 확인되었

감정서 사례 32-3. [두괄식 글쓰기-두괄식 글쓰기]

---

15 감정서에는 해당 부위에 밑줄 등 별도 표기가 없다.

③ 콘크리트 강도 부족

콘크리트 강도는 설계와 달리 시공된 것으로 판단하였다. 당 감정목적물은 설계당시, 노출콘크리트가 상당수 반영되어 설계가 반영되었을 것으로 확인되었으며, 시공당시, 노출콘크리트 변경에 대한 배경은 알 수 없으나. 시공사(피고)의 전문적 경험과 지식으로 노출콘크리트를 시공함에 앞서, 노출콘크리트의 품질 및 작업성을 고려한 내용을 관리자(건축주, 감리, 설계자)에게 이를 제언하고 이를 관리자와 협의 후 시공하였을 것으로 판단된다. 그러나 앞에서 개진한 듯이 그 구체적(회의록, 승인서, 검토서, 감리일지 등) 관련자료 부존재로 인해 그 배경은 알 수 없다. 노출콘크리트의 콘크리트 강도 변경에 대한 책임의 한계는 관리자가 인지하고 있다면 피고에게만 있는 것은 아닐 것으로 사료된다. 감정당시, 제출한 자료를 검토한 결과, 원·피고의주장만 있을 뿐, 이에 대한 근거 자료는 제출되지 않았다. 또한, 피고가 주장하는 당초 계약내역서의 레미콘의 가격과 변경된 레미콘의 가격이 M3 당 700원으로 거의 차이가 없어, 고의로 임의 시공한 것은 아닌 점을 주장하는 부분은 앞에서 개진한 듯이 그에 대한 배경 또한 관련자료 미비로 인해 알 수 없다.

본 감정에서는 콘크리트 강도에 대하여 당초 계약내역서의 레미콘 규격이 상이하게 발주된 점, 변경된 레미콘이 수량의 전체수량 대비 84.24%로 노출콘크리트 부분만 시공된 것은 아닌 점, 콘크리트 압축강도 시험 결과 일부 구간이 설계기준 강도보다 낮은 콘크리트 강도가 조사된 점, 조사된 구조물의 균열이 상당수 발생한 점을 고려하여 판단하였다.

피고의 또 다른 주장 중 콘크리트 압축강도의 재령28일 경과 후 설계기준 강도를 상회하면 문제가 없는 것으로 주장하고 있으나, 앞에서 개진한 듯이 콘크리트의 배합강도는 설계기준강도 대비 10~20% 정도 높게 배합하여 납품하는 것이 통상적인 레미콘 회사의 사례이다. 그 이유는 정확히 주문된 레미콘을 납품할 때, 배합과정의 문제 등으로 인해 납품규격이 상이할 수 있으며, 앞에서 검토한 국토교통부 2016년 콘크리트표준시방서에서도 설계기준 강도보다 배합강도는 충분히 높게 정하도록 명시하고 있다. 이 내용을 정리하자면 콘크리트 강도 21MPa를 발주하였더라도 재령일수 28일이 경과된 콘크리트의 경우 23.1~25.2MPa 이상의 강도가 예상할 수 있다. 이 부분은 콘크리트 강도를 예상하여 발주하는 것이 아닌, 설계된 콘크리트 강도를 최대한 확보하여야 한다는 의미로 해석됨이 사료된다.

감정서 사례 32-4. [두괄식 글쓰기-두괄식 글쓰기]

2. 명확한 인과관계

감정결과는 도출과정의 인과관계가 분명해야 한다. 즉, 감정신청사항에 대해 객관적 사실과 과학적이고 기술적인 근거에 따라 논리적으로 도출된 것이어야 한다. 논리적이지 않고 인과관계가 불분명한 결론은 풀이과정과 답이 다른 경우와 같다. 답은 맞더라도 산출식이 틀렸을 경우 의심할 수밖에 없다. 감정은 객관식이 아니기 때문이다. 감정에서 인과관계가 바탕이 되어야 하는 것은 서술방식과 감정금액이다.

가. 서술방식

서술방식에 대한 인과관계는 연역적 구성을 의미한다. 앞서 두괄식 글쓰기를 통해 결론을 먼저 제시한 뒤 이유나 판단근거를 설명하는 방법으로 '~에 대한 (감정인의) 의견(또는 결과)은 ~이다. 그 이유는 ~이기 때문이다'를 살펴보았다. 이를 인과관계로 설명하면 결과에 대해 이유나 법칙 또는 진행과정 등을 설명하는 것으로 연역적 구성에 해당한다. 반면 이에 상응하는 귀납적 구성은 '~이(하)기 때문에 ~이(하)다.'이다. 연역적 구성과 귀납적 구성 모두 추론방식은 인과관계에 따른 귀납적 추론에 해당한다. 하지만 연역적 구성이 보고서를 읽는 사람이나 보고서를 쓰는 사람 모두에게 효과적이다. 읽는 사람은 가장 궁금한 것을 먼저 확인할 수 있고 쓰는 사람은 불필요한 설명을 줄일 수 있기 때문이다.

나. 감정금액

감정금액에 대한 인과관계는 감정내용과 관계가 있다. 감정금액이 감정내용에 따른 최종 결과물이기 때문이다. 감정금액에 문제가 있는 경우는 두 가지다. 엑셀이나 적산프로그램을 통해 산출된 금액을 한글 보고서로 옮기는 과정에 발생한 오기와 산출과정의 인과관계가 잘못된 경우다. 오기일 경우 감정보완을 통해 바로잡을 수 있다. 문제는 산출과정인 내역서의 인과관계가 잘못된 경우다. 감정내역서는 각 항목별로 원가계산서, 내역서, 일위대가표, 세부일위대가표 순서로 구성되며 감정금액은 반대순서로 연산되어 산출된다. 즉 세부일위대가를 통해 일위대가가 구성되며, 일위대가를 통해 직접비에 해당하는 내역서가 작성되고, 내역서 금액에 대해 보험료 등 간접비를 반영한 원가계산서가 작성된다. 하지만 비전문가들은 이와 같은 내용을 모르는 경우가 대부분이며 간혹 감정인들 중에도 그런 경우가 있다.

표 10. 내역서 구성

구분	항목별 내역서	총액 내역서	비고
일반사항	(항목별 집계표)	-	
	항목별 원가계산서	원가계산서	
	-	공종별 집계표	
	항목별 내역서	산출내역서	
	(일위대가표)	-	
	항목별 일위대가표	(항목별 일위대가표)	
	(세부일위대가목록)	-	
	세부일위대가표	(세부일위대가)	
관련근거	단가대비표	-	
	수량산출서	-	

내역서 인과관계가 문제되는 경우 중 가장 많은 것은 수량산출서와 내역서 수량이 일치하지 않는 경우다. 내역서 작성과정에서의 단순오기 또는 임의로 수량을 증감시킨 경우다. 수량증감은 대부분의 당사자들이 수량산출서와 조사현황도를 확인하지 않기 때문이다. 혹여 이와 같은 상황을 고려하여 조사현황도에 수량을 표기하지 않는 감정인이 있다면 이는 감정오류 이전에 부실감정으로 인식될 수 있으므로 주의해야 한다.

이 밖에 감정금액은 증감되었으나 변경된 금액의 산출근거를 제시하지 않거나 일부만 제시하는 경우, 그리고 제시된 자료가 서로 일치하지 않는 경우도 있다. 내역서 중 세부일위대가나 수량산출서가 없거나 단위를 변경하여 금액을 변경하는 경우다. 이와 같은 경우 건설에 대한 전문지식이나 소송경험이 없는 당사자들은 자신의 주장에 따라 금액이 변경되었으므로 이의를 제기하지 않는다. 하지만 상대방 당사자가 그렇지 않을 경우 이를 근거로 감정인의 자질이나 감정전체에 대해 문제를 제기할 수 있다.

아래 사례는 내역서 인과관계가 일치하지 않은 경우다. 공동주택하자소송 액체방수 두께부족과 관련하여 적용단가가 문제가 된 경우로 감정인은 벽체 6mm를 기준으로 시공비 차액을 산출하였다. 이에 피고는 4mm를 기준한 금액을 확인해 줄 것을 요청하여 감정인이 참고금액을 제시하였는데 내역서(항목별 일위대가)에 문제가 있었던 경우다.

표 11. 내역서 오류사례-1

산출근거			최초 감정금액 (6mm)	사실조회 참고금액 (4mm)	비고
단위			m²	m²	
수량			1,175.14	1,175.14	
항목별 원가계산서	단가	재료비	1,988	662	
		노무비	38,147	18,585	
		경비	822	393	
		계	40,957	19,640	
	직접비 계		48,130,209	23,079,750	시공비차액 감소
항목별 일위대가	단가-1	재료비	1,988	1,288	항목별원가계산서와 항목별일위대가 단가 불일치

(항목별 일위대가에 동일항목 일위대가 3개가 제시되었으나 모두 불일치) |
		노무비	38,147	18,585	
		경비	822	393	
		계	40,957	20,266	
	단가-2	재료비	-	2,099	
		노무비	-	16,136	
		경비	-	-	
		계	-	18,235	
	단가-3	재료비	-	1,421	
		노무비	-	10,348	
		경비	-	-	
		계	-	1,1769	

[전유] 세대내 욕실 벽체 액체방수1종 및 보호몰탈 두께부족 -항목별 일위대가

피고가 주장한 두께를 적용한 참고금액은 감정금액에 비해 줄어들었다. 피고입장에서는 금액이 감액되었으므로 문제될 것이 없다고 생각할 수 있다. 하지만 산출근거가 불분명하기 때문에 참고금액이 적정한 것인지에 대한 의문이 생길 수밖에 없다.

다음은 공구분할 현장으로 시공자가 구분되어 있는데 공구별 참고금액 단가가 일치하지 않은 경우다. 당초 감정은 공구에 대한 구분없이 평균두께를 기준으로 시공비 차액을 산출하였다. 하지만 어떠한 이유에서인지 참고금액은 단지별로 단가를 다르게 적용하였고 그중 한 개 단지 단가는 항목별 일위대가 산출근거를 확인할 수 없었다. 참고금액과 같이 단가차이가 발생하려면 당초 감정도 공구별로 시공평균두께가 차이가 있어야 하며 감정금액 또한 차이가 있어야 한다. 하지만 감정금액에 적용된 단가는 공구별 차이가 없다. 비록 해당금액이 감정금액이 아닌 참고금액이라 하더라도 이와 같은 상황이 발생하면 해당 항목은 물론 감정 전체에 대한 불신을 초래할 수 있으므로 주의가 필요하다.

표 12. 내역서 오류사례-2

구분		단위	수량	단가	직접비 소계	비고
감정 금액	A공구	m²	1,094.02	40,957	44,807,777	
	B공구	m²	1,175.14	40,957	48,130,209	
참고 금액	A공구	m²	1,094.02	20,266	22,171,409	
	B공구	m²	1,175.14	19,640	23,079,750	항목별 일위대가 없음

[전유] 세대내 욕실 벽체 액체방수1종 및 보호몰탈 두께부족 - 항목별 원가계산서

3. 가독성可讀性

가독성은 인쇄물이 얼마나 쉽게 읽히는가에 대한 능률의 정도를 의미하는 것으로 문장력, 글씨체, 글자간격, 행간行間, 띄어쓰기에 따라 차이난다.

전자소송으로 인해 건설소송도 나 홀로 소송이 증가하고 있다. 소액사건

의 경우 소송비용(변호사비)을 아끼려고 당사자가 소장을 비롯해 준비서면을 직접 작성하는 경우가 많다. 하지만 대부분 전문가인 대리인을 통해 작성하는 것에 비해 가독성이 떨어진다. 당사자가 작성하는 소송서류의 특징은 쟁점보다 심정을 서술하고 글씨는 작고 간격이 좁은 경우가 많다. 그러다 보니 당사자들이 쓴 서면은 보기에 답답하다. 당사자들이 소송과 관련한 문서행위를 해 본 경험이 없으며 문서를 작성할 때 읽을 사람보다 쓰는 본인의 입장을 우선하기 때문이다.

동일한 내용이라도 글씨크기와 줄 간격에 따라 느낌이 다르며 이로 인해 내용에 대한 선입견도 발생할 수 있다. 글씨크기(상대크기, 장평, 자간)가 같더라도 글씨체(글꼴)에 따라 주목성이 달라지며 줄 간격까지 다를 경우 가독성 차이가 확연한 것을 아래 비교를 통해 확인할 수 있다.

휴먼명조체 12 point 줄간격200%	법관이 증거와 일상의 경험칙 및 자유심증을 바탕으로 인정한 전제사실을 제시하면 감정인은 이에 대해 전문지식과 경험칙을 적용하여 결론을 도출하는 감정이다.
굴림체 12 point 줄간격200%	법관이 증거와 일상의 경험칙 및 자유심증을 바탕으로 인정한 전제사실을 제시하면 감정인은 이에 대해 전문지식과 경험칙을 적용하여 결론을 도출하는 감정이다.
굴림체 12 point 줄간격130%	법관이 증거와 일상의 경험칙 및 자유심증을 바탕으로 인정한 전제사실을 제시하면 감정인은 이에 대해 전문지식과 경험칙을 적용하여 결론을 도출하는 감정이다.

인터넷에 공유되는 준비서면샘플을 글씨체(휴먼명조체→굴림체)와 줄 간격(200%→130%)을 바꿔 비교하면 다음과 같다.

그림 3 준비서면 사례-1

준 비 서 면

사 건   20**가단**** 공사대금

원 고   000

피 고   000

　귀 원의 위 사건에 관하여 피고소송대리인은 ,다음과 같이 변론을 준비합
니다.

다   음

1. 원고주장의 요지

　원고 주장의 요지는 1) 피고가 소외 **에너지에 지급한 40,530,000원은 피고
가 계속해서 공사대금을 지급하지 아니하였기 때문이므로 이러한 사정이 참
작되어야 한다는 것과 2) 이 사건 공사계약이 체결된 201*. *.경 약정한 설비
가중치(1.5)가 이행되지 않은 이유는 201*. *. *.자 법규의 개정 때문이고 원
고는 이를 확보하기 위해 노력하였다는 것입니다.

2. 원고주장의 부당성
나. 원고의 주장에 대한 반박

　하도급 거래 공정화에 관한 법률 제14조 제1항 제2호에 따르면 발주자는
하도급대금을 직접 수급업자에게 지급하기로 발주자 · 원사업자 및 수급사업
자 간에 합의한 때에는 수급사업자가 제조 · 수리 · 시공 또는 용역수행을 한

그림 4 준비서면 사례-2

준 비 서 면

사 건   20**가단**** 공사대금

원 고   000

피 고   000

 귀 원의 위 사건에 관하여 피고소송대리인은 다음과 같이 변론을 준비합
니다.

다   음

1. 원고주장의 요지

 원고 주장의 요지는 1) 피고가 소외 **에너지에 지급한 40,530,000원은 피
고가 계속해서 공사대금을 지급하지 아니하였기 때문이므로 이러한 사정이
참작되어야 한다는 것과 2) 이 사건 공사계약이 체결된 201*. *.경 약정한
설비가중치(1.5)가 이행되지 않은 이유는 201*. *. *.자 법규의 개정 때문이
고 원고는 이를 확보하기 위해 노력하였다는 것입니다.

2. 원고주장의 부당성

나. 원고의 주장에 대한 반박

 하도급 거래 공정화에 관한 법률 제14조 제1항 제2호에 따르면 발주자는
하도급대금을 직접 수급업자에게 지급하기로 발주자·원사업자 및 수급사업자
간에 합의한 때에는 수급사업자가 제조·수리·시공 또는 용역수행을 한 부분
에 상당하는 하도급대금을 그 수급사업자에게 직접 지급하여야 하는데 원고
는 이 사건 공사를 진행하다 수급사업자인 **에너지에게 자신이 지급하여야
할 대금의 지급보증을 요구하였고 이에 피고가 동의하였는바 이에 따라 원
고가 지급하지 않은 40,530,000원을 직접 지급하였습니다.

건설감정서는 내역서(단일내역서 vs 항목별 내역서) 작성방법과 감정사항을 정리하는 방법에 따라 크게 공동주택하자감정서와 일반감정서로 구분할 수 있다. 그러나 이는 감정서를 형식에 따라 구분한 것으로 감정내용이나 세부기준까지 특정할 수는 없다. 감정서를 쓰는 사람에 따라 문체는 물론 좋아하는 글씨체 등이 각기 다르기 때문이다. 하지만 이해가 잘되는 감정서들에는 공통점이 있다. 내용은 물론 읽기 편하다. 즉 가독성이 좋다는 것이다. 물론 가독성만으로 감정서를 평가해야 한다는 것은 아니다. 하지만 앞서 준비서면을 통해 확인한 바와 같이 글씨체나 줄 간격 등에 따라 가독성에 차이가 발생하며 감정서 또한 동일한 영향을 받는다.

이왕이면 다홍치마라는 말은 감정서에도 적용된다. 내용도 좋고 이해는 물론 읽기도 편하다면 감정서로 최고일 것이다. 하지만 모든 감정인이 처음부터 그와 같은 감정서를 쓸 수 있는 것은 아니다. 이를 위해서는 반복과 노력이 필요하다. 그런데 문제는 감정을 감정인 마음대로 할 수 없는 것이다. 감정인이 원한다고 감정을 할 수 있는 것이 아니며 그렇다고 같은 사건 감정서를 두 번 작성할 수도 없다. 방법은 감정을 자주 할 수 있는 상황을 만드는 것이다. 즉 감정을 잘 한다고 인정받아 다른 사건 감정인으로 선택되는 것이다.

과거와 달리 근래에 감정을 많이 하는 감정인은 대부분 오랫동안 감정을 전업으로 해왔던 분들이다. 반복과 시행착오를 통해 감정능력을 키웠기에 인정받고 있는 것이다. 그렇다고 신규 감정인들이 감정을 못 한다는 것은 아니다. 그러나 경험이 부족한 상태에서 내용은 물론 이해하기 쉽고 읽기도 편한 감정서를 쓰는 것은 쉽지 않다. 내용을 이해시키는 것도 경험이 필요하기 때문이다. 하지만 감정을 처음 하는 경우라도 읽기 편한 감정서는 쓸 수 있다. 읽는 사람의 가독성을 고려해 쓰면 된다. 감정인의 의견이 길고 복잡한데 글씨는 작고 빽빽하며, 글자와 숫자가 뒤섞여 있고, 감정금액과 확인금액을 구분할 수 없으며, 근거자료가 감정서 어디에 있는지 찾으려 감정서 전체를 뒤

져야 한다면 그 감정서는 가독성이 낮은 것이다.

감정서 가독성은 ① 글씨체와 글자간격 ② 표 활용 ③ 감정금액과 확인금액 구분 ④ 감정금액 총괄표를 통해 높일 수 있다.

가. 글씨체와 글자간격

서울중앙지방법원은 건설감정서 표준화를 위해 「건설감정실무」를 통해 감정서서식 및 작성방법을 제시하였다. 이에 대부분의 감정인은 해당 양식에 따라 감정서를 작성하고 있다. 하지만 그렇지 않은 경우도 있다. 그중에는 오랫동안 감정을 하고 있는 감정인도 있다. 문제는 감정경험이 없거나 「건설감정실무」 감정서작성양식의 존재조차 모르는 감정인이다. 내용은 배제하더라도 읽는 것도 쉽지 않은 감정서를 작성하기 때문이다.

다음은 추가공사비와 관련하여 시공자가 설계누락여부 및 이에 따른 물량오류와 증감금액 확인을 위한 감정신청서와 감정서 사례다. 동일한 내용을 글씨체와 간격만 바꿔도 읽기가 편해지는 것을 비교를 통해 확인할 수 있다.

감정의 목적

피고는 이 사건 공사 설계시에는 없었던 이 사건 우수저류시설위에 다른 건축물이 위치하는 것으로 변경됨으로써 공사가 중지됨에 따라 6블럭으로 나누어 진행하기로 되어있던 설계에서 4블럭으로 나누어 공사하는 방식으로 설계가 변경되었고, 이에 따라 설계에 누락된 부분이 발생하여 오류가 있는 물량산출을 추가로 하는 등 기존 계약과는 다르게 초과공사비가 발생하여 원고에게 미지급된 공사대금을 청구하고 있는 바, 종전의 설계와는 다르게 '설계변경 및 설계누락'을 이유로 초과공사비가 소요되었다는 사실을 입증하기 위함.

감정의 목적물

원고와 피고간 도급계약의 내용이 된 이 사건 공사의 최초 설계도 대비 변경된 설계도(변경 요약서 참조)상 기재된 각 항목상의 공사내역

감정서 사례 33-1. [가독성 – 글씨체와 글자간격]

4 - 9 피고가 요청한 변경요약서에 대한 검토 산출서

 1. 거푸집 매끈한 면 마감(#1 사진참조)
   - 설계는 내수합판이나 현장 요구로 태고(코팅) 합판 사용
 1) 피고가 요구한 금액 : 174,941,000원
 2) 1.3BL 적용수량(전체) : 피고 지앤에스건설(주) 요구분
    3300㎡×25,000원/㎡=82,500,000원
 3) 태고합판 시공분
    321㎡×31,000원/㎡=9,951,000원
 4) 피고 지앤에스에게 타절시까지 지불금액
    1)+2)=82,500,000원+9,951,000=92,451,000원
 5) 원고가 피고에게 92,451,000원 지급
   - 변경금액의 공사물량은 1,2,3,4 BL 전체와 경도시공물량도 포함하여
     산출된 금액이므로 미시공부분 2,4 BL과 경도시공 부분을 제외하였
     음(월간공정사진 참조)
   - 매끈한면 내수합판의 사용횟수는 3회이고 태고(코팅) 합판의 사용횟
     수는 보통 8~10회 이므로 사용성, 내구성, 시공성, 경제성 등의 손율
     및 감가상각비용면에서 유리하기 때문에 태고(코팅) 합판 시공수량에
     따른 공사비만 적용함
   - 태고(코팅) 합판은 목재가 많은 동남아시아 제품이 시장에서 많이 유
     통되고 있으며 매끈한 표면을 위해서는 거푸집 자재관리의 박리제
     처리 및 콘크리트 타설 관리를 잘한다면 별 문제가 없을 것으로 판
     단됨

 2. 강관동바리
   - 조립식강관(시스템) 동바리로 변경(#2 조립식 동바리 사진참조)
 1) 요구금액 : 613,488,000원
 2) 1,3블럭 전체수량 : 17,540공/㎥
 3) 경도정산분 수량 : 1,786공/㎥
 4) 1,3블럭 시공수량 : 2)-3)=17,540-1,786=15,754공/㎥
 5) 1,3블럭 시공금액 : 15,754공/㎥×15,000원공/㎥=236,310,000원 지급
 6) 원고가 피고에게 236,310,000원 지급

감정서 사례 33-2. [가독성 - 글씨체와 글자간격]

4-9 피고가 요청한 변경요약서에 대한 검토 산출서

1. 거푸집 매끈한 면 마감(#1 사진참조)

- 설계는 내수합판이나 현장 요구로 태고(코팅) 합판 사용

1) 피고가 요구한 금액 : 174,941,000원

2) 1.3BL 적용수량(전체) : 피고 지앤에스건설(주) 요구분

   3300㎡×25,000원/㎡=82,500,000원

3) 태고합판 시공분 : 321㎡×31,000원/㎡=9,951,000원

4) 피고 지앤에스에게 타절시까지 지불금액 1)+2)=82,500,000원+9,951,000

   =92,451,000원

5) 원고가 피고에게 92,451,000원 지급

- 변경금액의 공사물량은 1,2,3,4 BL 전체와 경도시공물량도 포함하여 산
  출된 금액이므로 미시공부분 2,4 BL과 경도시공 부분을 제외하였음
  (월간공정사진 참조)

- 매끈한면 내수합판의 사용횟수는 3회이고 태고(코팅) 합판의 사용 횟
  수는 보통 8~10회 이므로 사용성, 내구성, 시공성, 경제성 등의 손율 및
  감가상각비용면에서 유리하기 때문에 태고(코팅) 합판 시공수량에 따
  른 공사비만 적용함

- 태고(코팅) 합판은 목재가 많은 동남아시아 제품이 시장에서 많이 유
  통되고 있으며 매끈한 표면을 위해서는 거푸집 자재관리의 박리제 처
  리 및 콘크리트 타설 관리를 잘한다면 별 문제가 없을 것으로 판단됨

2. 강관동바리

- 조립식강관(시스템) 동바리로 변경(#2 조립식 동바리 사진참조)

1) 요구금액 : 613,488,000원

2) 1,3블럭 전체수량 : 17,540공/㎥

3) 경도정산분 수량 : 1,786공/㎥

4) 1,3블럭 시공수량 : 2)-3)=17,540-1,786=15,754공/㎥

5) 1,3블럭 시공금액 : 15,754공/㎥×15,000원공/㎥=236,310,000원 지급

6) 원고가 피고에게 236,310,000원 지급

감정서 사례 33-3. [가독성 – 글씨체와 글자간격]

건설감정실무에서 제시된 감정서 글씨체(폰트)와 크기를 한글 스타일에
따라 감정서 목차별로 정리하면 다음과 같다.

표 13. 목차 항목별 서식 스타일 [건설감정실무 2011]

본문차례	구분	폰트	크기	왼쪽여백
Ⅰ.감정보고서	권	신명조	30p	–
2. 감정의 목적	장	신명조	18p	–
2.2 감정 신청사항 및 분류	대항목	신명조	15p	5p
1)전유부분 감정항목 재분류 개념	대항목	신명조	12.5p	7p
가) 중항목	중항목	신명조	12p	10p
① 소항목	소항목	신명조	12p	20p
본문	본문	신명조	12p	25p
표 글씨	표글씨	신명조	–	

Ⅰ.감정보고서

2. 감정의 목적

2.2 감정 신청사항 및 분류

1) 전유부분 감정항목 재분류 개념

가) 중항목

① 소항목

본문

나. 표 활용

항목별 감정사항을 작성할 때 측정값이 다수이거나 평균값으로 판단해야 할 경우 표를 활용하는 것이 좋다. 그리고 샘플조사일 경우 조사부위 사진과 연계하여 부위별 측정값을 표로 정리해 제시하는 것이 효과적이다.

감정인이 확인한 내용을 문장으로 표현한 것과 표로 정리한 경우 어느 것의 가독성이 더 높은지 아래 비교를 통해 확인할 수 있다.

1. 원고측 주장

(1) 타일공사 자재비 중 모래, 시멘트를 원고측에서 조달, 타일 및 노무비(기능공)는 피고측이 부담.
(2) SMC 항목에 대해서 변경시공 되었음.
(3) 강화마루 항목에 대하여 3층은 해당이 되지 않음. 1층이 타일로 변경됨.
(4) 전기공사 항목에 대하여 변경시공함.
(5) 소방공사는 건축주 공사분이기 때문에 내역서상의 3,168,665원만이 미시공분에 해당됨.

2. 피고측 주장

(1) 감정신청 항목 그대로 감정해주시기 바랍니다.

3. 감정인 의견

본 항목은 목공사에 대한 원·피고 제출자료를 확인하고 원고가 시공한 목공종의 공사비 금액을 산출하였음.

1. 물량

① **변경전 물량:** 금속계단 내역없음. 비드법2종1호(T30) 내역없음, 천정석고(못, 9.5T, 2P) 377.2㎡, 벽체석고(못, 1P) 내역없음, 벽체석고(못, 2P) 내역없음, 벽체석고(본드, 1P) 348㎡, 경량벽체 242㎡, 목재천정틀 내역없음, 화장실칸막이 내역없음, 에어컨타공 내역없음, 아트판 내역없음. 간접등박스 내역없음.

② **변경후 물량:** 금속계단 8.5EA, 비드법2종1호(T30) 724㎡, 천정석고(못, 9.5T, 2P) 541㎡, 벽체석고(못, 1P) 424㎡, 벽체석고(못, 2P) 1,053㎡, 벽체석고(본드, 1P) 150㎡, 경량벽체 241㎡, 목재천정틀 2,075㎡, 화장실칸막이 12㎡, 에어컨타공 11EA, 아트판 30㎡, 간접등박스 140m.

③ **증감:** 금속계단 8.5EA, 비드법2종1호(T30) +724㎡, **천정석고(못, 9.5T, 2P) +163.8㎡, 벽체석고(못, 1P) +424㎡, 벽체석고(못, 2P) 1,053㎡, 벽체석고(본드, 1P) -198㎡, 경량벽체 +1㎡, 목재천정틀 +2,075㎡, 화장실칸막이 +12㎡, 에어컨타공 +11EA, 아트판 +30㎡, 간접등박스 +140m.**

2. 추가 시공된 적정공사비

감정결과표 및 내역서 참조바람.

공사대금 감정 내용		
공사명	* * *동 2736-10번지 * * * 신축공사	
② 공사장소	[* * 시 * * *동 2736-10번지	
③ 공사기간	착공	2020. 02. 06.
	준공	2021. 05. 28.
④ 소요공사비 산정	원고가 시공한 철근콘크리트공사 비용 산정	
⑤ 소요된 물량	변경전(㎡)	
	변경후(㎡)	
⑥ 예상되는 공사기간(일수)	당초공사 소요일수	
	변경공사 소요일수	
⑨ 참고자료	원고측	감정신청서 첨부자료, 도급계약서, 내역서 설계도 등
	피고측	감정신청서 첨부자료

감정서 사례 34-1. [가독성 - 표1]

상기 감정서 사례는 일반건축물 추가공사비감정에 공동주택하자소송감정서양식을 사용하였으며 증감물량에 대해 문장으로 서술한 경우다. 감정인 의견 중 물량에 대한 내용을 문장과 표로 정리해 비교하면 다음과 같다. 동일한 내용이라도 표로 정리한 것이 훨씬 가독성이 좋은 것을 알 수 있다.

3. 감정인 의견 (문장)

①변경전 물량: 금속계단 내역없음, 비드법2 종1호(T30) 내역없음, 천정석고(못,9.5T,2P) 377. 2㎡, 벽체석고(못,1P) 내역없음, 벽체석고(못,2P) 내역없음, 벽체석고(본드,1P) 348㎡, 경량벽체 24 2㎡, 목재천정틀 내역없음, 화장실 칸막이 내역없음, 에어컨타공 내역없음, 아트판 내역없음, 간접 등박스 내역없음

②변경후 물량: 금속계단 8.5EA, 비드법2종1 호(T30) 724㎡, 천정석고(못, 9.5T,2P) 541㎡, 벽 체석고(못,1P) 424㎡, 벽체석고(못,2P) 1,053㎡, 벽체석고(본드,1P) 150㎡, 경량벽체 241㎡, 목재 천정틀 2,075㎡, 화장실칸막이 12㎡, 에어컨타공 11EA, 아트판 30㎡,간접등박스 140m

③증감 : 금속계단 +8.5EA, 비드법2종1호(T 30) +724㎡, 천정석고(못,9.5T,2P) +163.8㎡, 벽체석고(못,1P) +424㎡, 벽체석고(못,2P) 1,0 53㎡, 벽체석고(본드,1P) -198㎡, 경량벽체 +1 ㎡, 목재천정틀 +2,075㎡, 화장실칸막이 +12㎡, 에어컨타공 +11EA, 아트판 +30㎡, 간접등박스 +140m

3. 감정인 의견 (표)

항목	단위	수량			비고
		변경 전	변경 후	증감	
		A	B	C=B-A	
1. 금속계단	EA	-	8.5	8.5	
2. 비드법2종 1호(T30)	㎡	-	724	724	
3. 천정석고(못, 9.5T,2P)	㎡	377.2	541	163.8	
4. 벽체석고(못, 1P)	㎡	-	424	424	
5. 벽체석고(못, 2P)	㎡	-	1,053	1,053	
6. 벽체석고(본드, 1P)	㎡	348	150	-198	
7. 경량벽체	㎡	242	241	1	
8. 목재천정틀	㎡	-	2,075	2,075	
9. 화장실칸막이	㎡	-	12	12	
10. 에어컨타공	EA	-	11	11	
11. 아트판	㎡	-	30	30	
12. 간접등박스	㎡	-	140	140	

감정서 사례 34-2. [가독성 - 표1]

다음 사례는 평균두께를 기준으로 공사비차액을 산출하면서 평균두께가 어떻게 도출되었는지 확인할 수 없는 경우다. 평균값을 기준할 경우 그 값이 도출된 근거인 전체 조사 값을 제시해야 하는데 그렇지 않았으며 현황사진 또한 감정인 의견과 일치하지 않은 경우다.

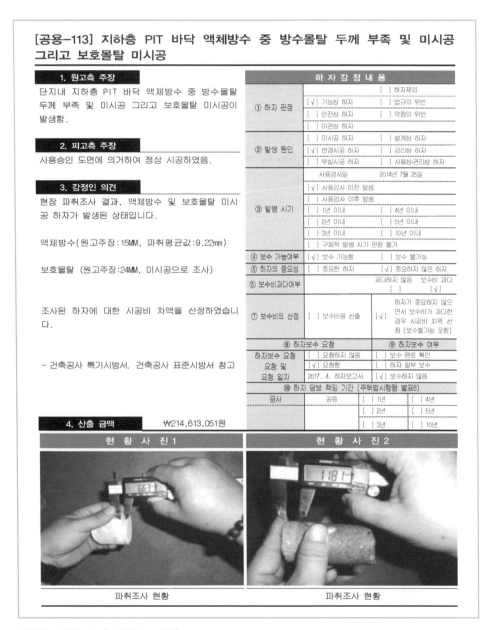

[공용-113] 지하층 PIT 바닥 액체방수 중 방수몰탈 두께 부족 및 미시공 그리고 보호몰탈 미시공

1. 원고측 주장

단지내 지하층 PIT 바닥 액체방수 중 방수몰탈 두께 부족 및 미시공 그리고 보호몰탈 미시공이 발생함.

2. 피고측 주장

사용승인 도면에 의거하여 정상 시공하였음.

3. 감정인 의견

현장 파취조사 결과, 액체방수 및 보호몰탈 미시공 하자가 발생된 상태입니다.

액체방수(원고주장 : 15MM, 파취평균값 : 9.22mm)

보호몰탈 (원고주장 : 24MM, 미시공으로 조사)

조사된 하자에 대한 시공비 차액을 산정하였습니다.

- 건축공사 특기시방서, 건축공사 표준시방서 참고

하 자 감 정 내 용

① 하자 판정	[ ] 하자제외		
	[√] 기능상 하자	[ ] 법규의 위반	
	[ ] 안전상 하자	[ ] 약정의 위반	
	[ ] 미관상 하자		
② 발생 원인	[ ] 미시공 하자	[ ] 설계상 하자	
	[√] 변경시공 하자	[ ] 감리상 하자	
	[ ] 부실시공 하자	[ ] 사용상·관리상 하자	
③ 발병 시기	사용검사일	2014년 7월 25일	
	[√] 사용검사 이전 발생		
	[ ] 사용검사 이후 발생		
	[ ] 1년 이내	[ ] 4년 이내	
	[ ] 2년 이내	[ ] 5년 이내	
	[ ] 3년 이내	[ ] 10년 이내	
	[ ] 구체적 발생 시기 판정 불가		
④ 보수 가능여부	[√] 보수 가능	[ ] 보수 불가능	
⑤ 하자의 중요성	[ ] 중요한 하자	[√] 중요하지 않은 하자	
⑥ 보수비과다여부	과다하지 않음 / 보수비 과다 [ ] / [√]		
⑦ 보수비의 산정	[ ] 보수비용 산출	[√] 하자가 중요하지 않으면서 보수비가 과다한 경우 시공비 차액 산정 (보수불가능 포함)	
⑧ 하자보수 요청		⑨ 하자보수 여부	
하자보수 요청 요청 및 요청 일자	[ ] 요청하지 않음	[ ] 보수 완료 확인	
	[√] 요청함	[ ] 하자 일부 보수	
	2017. 4. 하자보고서	[√] 보수하지 않음	
⑩ 하자 담보 책임 기간 (주택법시행령 별표6)			
공사	공종	[ ] 1년	[ ] 4년
		[ ] 2년	[ ] 5년
		[ ] 3년	[ ] 10년

4. 산출 금액   ₩214,613,051원

현 황 사 진 1	현 황 사 진 2
파취조사 현황	파취조사 현황

감정서 사례 35. [가독성 - 표2]

반면 다음 사례는 노출우레탄 방수두께 변경시공과 관련하여 평균두께 도출근거를 표로 제시하였으며 현황사진도 일치한 경우다.

[공용 30] 옥상, 옥탑 바닥 노출우레탄 방수 두께 부족시공

1. 원고측 주장

[준공도면] 주단면도-1 AA-108
[공사시방서(건축)] 7장. 방수 및 단열공사 7-4 우레탄 방수와 시공 다. 우레탄 도장 ①

2. 피고측 주장

건축시방서 44면 7-4-2-다에서 우레탄 방수 두께 기준을 2mm로 명기하였으므로 이에 미치지 못하는 경우에만 보수비를 산정하여야 함.

3. 감정인 의견

사용승인도면 AA-38(실내재료마감표)에서 지붕은 도막방수(우레탄계열)로 시공하도록 설계된 것으로 확인되었습니다.

현장파취조사결과 지붕 도막방수 평균 두께는 2.05mm가 시공된 것으로 확인되었습니다.

도막방수(우레탄계열)		비고
결과값1	1.60	
결과값2	2.50	
평균	2.05mm	

건축공사 특기시방서에서 우레탄 방수는 두께 2mm 이상 바르도록 명기된 것으로 확인되었습니다.

건축공사 특기시방서 기준 정상시공으로 보수비용 산정에서 제외하였습니다.

4. 산출 금액   하자목록별 집계표 참조

하 자 감 정 내 용

① 하자 판정	[ ] 하자계외	
	[√] 기능상 하자	[ ] 법규의 위반
	[ ] 안전상 하자	[ ] 약정의 위반
	[ ] 미관상 하자	
② 발생 원인	[ ] 미시공 하자	[ ] 설계상 하자
	[√] 변경시공 하자	[ ] 감리상 하자
	[ ] 부실시공 하자	[ ] 사용상관리상 하자
③ 발병 시기	사용검사일	2018년 06월 20일
	[√] 사용검사 이전 발생	
	[ ] 사용검사 이후 발생	
	[ ] 1년 이내	[ ] 4년 이내
	[ ] 2년 이내	[ ] 5년 이내
	[ ] 3년 이내	[ ] 10년 이내
	[ ] 구체적 발생 시기 판정 불가	
④ 보수 가능여부	[ ] 보수 가능함	[ ] 보수 불가능
⑤ 하자의 중요성	[ ] 중요한 하자	[√] 중요하지 않은 하자

		과다하지 않음	보수에 과다
⑥ 보수비과다여부			
⑦ 보수비의 산정	[ ] 보수비용 산출	[√] 하자가 중요하지 않으면서 보수비가 과다한 경우 시공비 차액 산정 (보수불가능 포함)	

⑧ 하자보수 요청		⑨ 하자보수 여부	
하자보수 요청 요청 및 요청 일자	[ ] 요청하지 않음	[ ] 보수 완료 확인	
	[√] 요청함	[ ] 하자 일부 보수	
	2017. 4. 하자보고서	[√] 보수하지 않음	

⑩ 하자 담보 책임 기간 (공동주택관리법 시행령 별표4)				
담보책임 존속기간	마감재 보수 용이한 하자	설비 목공 장호·조경 기능·미관	철콘 철골 조직지붕 방수	주요 구조부 지반
	[ ] 2년	[ ] 3년	[ ] 5년	[ ] 10년

현 황 사 진 1

옥상 바닥 노출우레탄방수 1.60mm 시공

현 황 사 진 2

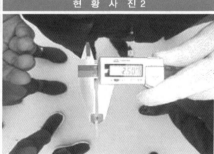

옥상 바닥 노출우레탄방수 2.50mm 시공

감정서 사례 36. [가독성 - 표3]

다. 감정금액과 확인(산출)금액 구분

감정서가 제출된 후 감정금액이 달라지는 경우가 있다. 사실조회를 통해 감정인의 판단이 잘못되었거나 오기誤記를 수정하거나 당사자 요청에 따라 감정인과 다른 기준을 적용하여 산출한 금액을 제시하는 경우다. 전자의 경우 감정보완에 해당되므로 변경된 금액이 최종 감정금액이다. 하지만 후자의 경우 산출된 금액은 감정금액이 아니다. 그러므로 감정인은 사실조회 회보서를 작성할 때 감정보완금액과 요청에 따라 산출(확인)한 금액을 명확히 구분해 제시해야 한다. 법관과 당사자가 혼동할 수 있기 때문이다.

다음 사례들은 감정보완금액과 관련된 것들로 감정보완사유와 함께 해당금액이 감정보완금액인지 확인금액인지 명확히 구분하여 회신한 경우다.

나. [추가-2] 각 세대 창호 및 유리 변경시공부분에 대한 구체적 보완 감정사항

이번 보완감정에서 '재현하늘창샤시'의 별도의 성능시험을 통하여 기준 부합 여부를 확인하여 주시고, 만일 기준 통과되지 않았다면 기준에 맞는 창틀로 교체하는 고체비용 및 기확인된 창호 유리 오시공 부분에 대하여 "비계설치 비용"도 포함된 실질적인 보수비용을 산정하여 주시기 바랍니다.

[감정인 회신]

1) 원고가 ㈜LG하우시스 제품의 효율관리기자재 신고확인서 및 시험성적서를 제출하고 실제 시공은 재현 하늘창샤시 제품을 시공한 사항에 대하여, 감정인은 변경시공된 창호가 설계기준을 만족하는지 여부를 알 수 없어 두 제품의 시공비 차액을 산정하였으나, 공인된 시험기관을 통한 성능시험결과 설계기준에 미달하는 것으로 확인된다면 교체비용 산정을 고려할 수 있다고 사료됩니다.

2) 또한 감정인은 유리 변경시공에 대하여 재료비 차액을 산정하였으나, 지역 특성을 고려한 설계취지와 달리 로이복층유리를 투명복층유리로 시공한 것은 그 자체로 기능상 지장을 초래하는 중요한 하자로 판단되므로 로이복층유리로 교체하는 비용으로 감정을 보완하여 회신합니다.

감정항목		당초	보완
추가 2-2	각 세대 유리 변경시공	8,339,891원	44,560,349원

이러한 점을 감안하여, 이 사건 소제기 시점 당시의 원가계산 제비율 적용기준의 간접노
무비와 기타경비 요율을 적용하여 각 항목별 보수비를 다시 산정하여 주시기 바랍니다.
향후 각 항목에 대한 판단이 달라질 것을 대비하여 계산방법을 소상히 알려 주시기 바랍
니다.

답변

기 제출한 감정서를 면밀히 재검토한 결과, 원가계산 제비율[1]의 일부
비목이 잘못 적용된 것을 확인하였습니다. 간접노무비, 기타경비, 산재보
험료의 비율을 수정하여 감정보완 합니다.

구 분	보관감정 (2018.05,)	보완감정 (2018.06.)	비 고
20**가합****** 하자보수금 등 사건	1,799,632,143원	1,783,557,852원	-16,074,292원

감정서 사례 38. [가독성 – 감정금액과 확인금액 구분-2]

나. [추가-3] 철근 규격 변경시공 부분에 대한 구체적 보완 감정사항

건축허가도면 및 도급계약에 반하는 이러한 'DD철근' 사용으로 인해 떨어진 건물의 구
조 안전성을 보완하기 위하여 최신 공법인 '탄소섬유보강'이 필요하다고 사료됩니다.
▲ 'DD철근' 오시공으로 인한 구조 안전성 보완의 필요성을 검토하여 주시고, ▲ 탄소
섬유보강 공법 사용에 따른 실질적인 보수비용을 산정하여 주시기 바랍니다.

[감정인 회신]

납품확인서와 거래명세표 상에 철근 품명이 다르게 기재되어 있어 감정인은 현장
반입 당시의 납품확인서를 기준으로 판단하였으며, 당 현장의 철근배근 검측사진
(갑제36호중 1 내지 3)을 보면 고장력철근(HD)이 시공된 것으로 확인됩니다.
설령 일반철근으로 시공되었다고 하더라도 구조적인 문제는 없다고 판단됩니다(감
정당시 구조적으로 문제가 되는 하자는 확인되지 않음). 참고로 재판부의 판단을
위하여 변경에 따른 재료비 차액을 아래와 같이 산정하여 회신합니다.

감정항목		참고금액	TON당 단가차액
추가 3	철근 규격 변경시공	420,000원(=84톤×5,000원)	5,000원

감정서 사례 39. [가독성 – 감정금액과 확인금액 구분-3]

반면 다음 사례는 감정인의 판단사유는 물론 해당 금액이 감정보완금액
인지 확인금액인지 파악하기 어려운 경우다.

---

4. 지하 기계실 물빼기에 대하여

가. 원고의 감정신청 사항

공정	공수	단가(원)	금액(원)	변경 사유
지하기계실 물빼기	140	230,000	32,000,000	원도급사에서 원고에게 위탁하여 시공

나. 감정인 감정 결과

지하3층 기계실에 지하수가 집수되어 배수하는 비용을 산정하였으나 140명의 인력이 투입되
었다는 것은 통상적인 배수방법에 맞지 않고 과도한 인력으로 사료됩니다. 배수펌프는 지하
수위가 일정 높이에 도달하면 작동하여 배수하는 방식이므로 간혹 거름망의 이물질 제거, 정
상적인 작동유무, 배관이탈 등을 확인하기 위한 소수의 관리자는 필요할 수 있습니다. 그러
나 관리자도 특정하여 전담하지 않고 관리자가 한 번씩 주시하는 것이 현장의 상황입니다.
피고는 지하수 영구 배수를 실시하였고, 원고의 작업 중 과실로 인해 정상적인 배수가 이루
어지지 않아 한 차례 기계실로 범람한 사실이 있으나 공사기간 동안 지하수 유은 없다고 주
장하였습니다. 결국 본 감정인의 경험과 공정표의 지하 3층 완성기간을 참고하여 1일 1명,
약 20일 공사기간을 적용하면 20명으로 정하여 배수에 대한 추가공사비를 표준품셈에 의해
2,782,000원으로 산정하였습니다.

다. 보완감정촉탁 할 사항

원도급사인 이 사건 교회에서 원고에게 위탁하여 추가공사를 한 지하 물빼기 작업은 지하 3
층에 있는 기계실에 대해서만 물빼기 작업을 한 것이 아니라, 이 사건 교회 건물이 지하 3층
까지 있는 건물이고, 원고는 2019. 1. 28. 지하 3층 작업을 시작하여 2019. 3. 30. 지하 3층
자재정리 및 인양작업을 할 때까지 지하 3층에서 작업을 하였고, 그 이후 2019. 5. 10. 경까
지 지하 1층 작업을 하였습니다.
지하수 영구배수를 실시하였고, 원고의 작업중 과실로 인해 정상적인 배수가 이루어지지 않
아 한 차례 기계실로 범람한 사실이 있다는 피고의 주장은 사실과 다르며, 당시 이 사건 공
사를 하였던 팀장 박종석의 말처럼 지하 3층부터 1층까지 작업 시 지하수가 지속적으로 새어
나왔고, 당시 강우까지 며칠 동안 오면서 원고가 지하 3층부터 1층까지 작업을 하는 동안 배
수 작업을 하는데 있어서 여러 명을 고정으로 투입하였습니다.
따라서 이러한 점을 감안하여 지하 3층부터 1층까지 물빼기 작업을 하는데 소요된 140공수에
대한 인건비를 다시 산정하여 주시기 바랍니다.

회신결과 : 감정보완 내용에 따라 공사비를 <u>금19,480,000원</u>으로 산정하였습니다.

감정서 사례 40. [가독성 - 감정금액과 확인금액 구분-4]

감정인 중 당사자 주장이 자신이 적용한 기준에 부합하지 않다는 이유로 확인금액 산출을 거부하는 경우가 있는데 이는 적절하지 않다. 판단기준이 명확하지 않거나 기술 외 다른 기준이 적용되는 경우도 있기 때문이다. 그렇기 때문에 당사자들은 사실조회를 통해 자신들의 주장을 감정인이 확인해준 금액과 함께 제시하는 것이다. 그러므로 감정인은 당사자 요청이 착오에서 비롯되었거나 당초 감정범위에 해당하지 않는 경우를 제외하고 확인(산출)금액을 제시해야 한다.

---

2) 감정인께서 이 사건 아파트의 액체방수 두께를 <u>바닥은 8mm, 벽은 6mm를 기준으로 하여 방수층 두께 부족시공 부분에 대한 공사비 차액을 재산정</u>하여 주시기 바랍니다.

[3. 회 신]

2013년 건축공사 표준시방서에서 시멘트 액체방수층의 최소 두께를 4mm로 정하고 있으며, 이보다 높은 두께 기준을 적용하여야 한다는 것은 원고측의 일방적인 주장일 뿐 객관적인 기준이나 판단 근거로 볼 수 없습니다.
따라서 기 감정서의 의견을 유지합니다.

감정서 사례 41. [가독성 – 감정금액과 확인금액 구분-5]

---

(3) 원고측이 제출한 건축용 강제 천장 받침재(M-BAR)에 대한 KS 기준(KS D 3609)을 검토한 결과 M-BAR TYPE에는 마이너찬넬을 시공하는 것으로 확인되었으나, 이를 감정 기준으로 판단해야 한다는 지시사항은 적시되지 않았습니다.(판단기준 상기(2)항 답변 참조) 따라서, <u>감정결과에는 변동없으나, 원고가 주장하는 대로 공사비를 산정하면 아래와 같습니다.</u>

-아 래-

[단위:원, 부가세 포함]

항목	감정서 금액	참고 금액	비고
공용137-1. 관리동, 주민공동시설 경량천정틀 내 마이너 찬넬 미시공	0	2,889,583	보수비산정(제시)

감정서 사례 42. [가독성 – 감정금액과 확인금액 구분-6]

라. 감정금액 총괄표

사실조회나 감정보완에서 항목별 감정금액이 변경될 경우 감정총액 또한 달라진다. 그런데 대부분의 감정인은 해당 항목회신에만 변경된 금액을 제시하고 이로 인해 변경된 감정총액을 제시하지 않는 경우가 많다. 이와 같은 경우 법관이나 당사자가 변경된 감정총액을 확인하려면 당초 감정총액에서 변경된 항목 최초 감정금액을 뺀 후 변경된 금액을 더해야 하는데 항목이 많을 경우 오류가 발생할 수 있다. 그러므로 항목별 감정금액에 대한 감정보완 등이 발생한 경우 감정금액 총괄표도 수정하여 함께 제시하고 이와 더불어 당초 감정금액 대비 얼마가 변경되었는지 쉽게 확인할 수 있도록 해야 한다.

감 정 요 약 문

사 건   20**가단 **** 손해배상(기)

원 고   ***

피 고   ***

1. 감정사항 총괄표

구분	감정신청 항목		감정사항 (2017.02)	감정보완 (2017.04)	비고
가	감정 목적물에 발생된 누수의 원인 (전유부분인지 여부)		1203호 안방 벽체 내부결로	1203호 안방 벽체 내부결로	변경없음
나	위 감정목적물에 대한 누수로 인한 하자보수비용 및 원고의 안방 천장 보수비용, 안방벽체 보수비용, 이외에 발생될 수 있는 비용 일체	1103호	6,010,119원	6,010,119원	변경없음
		1203호	2,897,322원	2,316,280원	-581,042원

감정서 사례 43. [가독성 – 감정금액 총괄표 – 하자보수비 감정]

감 정 요 약 문

사 건 2017가합**** 하자보수금 등

원 고 ****단지아파트 입주자대표회의

피 고 ****

1. 하자보수비 총괄표

구 분	품 명	최초감정 (2018. 01.)	보완감정 (2018. 05.)	비 고
사용 검사전	미시공	529,109,552원	536,006,585원	+ 6,897,033원
	변경시공	245,559,780원	249,427,564원	+ 3,867,784원
	소 계	774,669,332원	785,434,149원	
사용 검사후	1년차 보수비	143,088,802원	143,088,802원	
	2년차 보수비	347,599,676원	347,599,676원	
	3년차 보수비	17,993,608원	17,993,608원	
	4년차 보수비	35,156,581원	35,156,581원	
	5년차 보수비	140,317,910원	140,317,910원	
	10년차 보수비	330,041,418원	330,041,418원	
	소 계	1,014,197,995원	1,014,197,994원	
합 계		1,788,867,326원	1,799,632,143원	+ 10,764,817원

2. 기타 보수비

구 분	보완감정 (2018. 03.)	보완감정 (2018. 05.)	비 고
전유세대 선보수비	1,168,500원	1,168,500원	

감정서 사례 44. [가독성 – 감정금액 총괄표 – 공동주택 하자보수비 감정]

마. 기타

감정내용 중 중요한 사항에 대해서 굵은 글씨를 적용하거나 표에 색채우기를 적용하면 가독성을 높일 수 있다. 간혹 감정서나 사실조회회신의 감정인의견을 색을 달리해 작성하는 감정인이 있다. 글씨체와 크기, 두께는 동일하고 색깔만 달리 적용하는 경우인데 바람직하지 않다. 전자문서(PDF−FILE)를 모니터에서 확인하거나 컬러로 인쇄된 감정서로 확인할 때는 글자색이 다른 것이 가독성이 높다. 하지만 전자문서를 출력하거나 감정서를 복사할 경우 가독성이 떨어지기 때문이다. 흑백프린터를 사용할 경우 아래와 같이 구분하기 어렵다.

그림 5. 가독성 − 글자두께 & 색채우기

구분	감정금액	인정여부			비고
		색상	두께	색채우기	
감정항목−1	500,000	인정	인정	인정	
감정항목−2	1,000,000	인정	인정	인정	
감정항목−3	70,000	불인정	불인정	불인정	
감정항목−4	5,000,000	인정	인정	인정	
감정항목−5	500,000	불인정	불인정	불인정	
감정항목−6	−	−	−	−	컬러 인쇄
감정항목−7	200,000	불인정	불인정	불인정	
감정항목−8	800,000	인정	인정	인정	
감정항목−9	600,000	인정	인정	인정	
감정항목−10	400,000	불인정	불인정	불인정	
계	9,070,000				

구분	감정금액	인정여부			비고
		색상	두께	색채우기	
감정항목−1	500,000	인정	인정	인정	
감정항목−2	1,000,000	인정	인정	인정	
감정항목−3	70,000	불인정	불인정	불인정	
감정항목−4	5,000,000	인정	인정	인정	
감정항목−5	500,000	불인정	불인정	불인정	
감정항목−6	−	−	−	−	흑백 인쇄
감정항목−7	200,000	불인정	불인정	불인정	
감정항목−8	800,000	인정	인정	인정	
감정항목−9	600,000	인정	인정	인정	
감정항목−10	400,000	불인정	불인정	불인정	
계	9,070,000				

감정서에 목차를 첨부하면 필요한 내용을 쉽게 찾을 수 있어 가독성을 높일 수 있다. 목차는 해당 감정내용의 위치를 표시한 지도이며 감정서가 포함하고 있는 것을 정리한 것으로 이것만으로도 감정인과 감정서의 수준을 짐작할 수 있다.

공동주택하자소송과 같이 감정서가 항목별 감정사항과 내역서 및 조사자료로 권별로 구분된 경우에는 내용을 찾거나 관련근거를 비교하기 쉽다. 하지만 대부분의 일반감정서는 한권으로 작성된다. 이와 같은 경우 더더욱 목차가 필요하다. 그리고 목차를 정리할 때에는 해당 내용의 위치인 쪽을 표시해야 한다.

간혹 감정서 볼륨을 키우기 위해 감정내용보다 더 많은 자료(당사자제출자료 및 준비서면 전체)를 첨부하는 감정인이 있는데 지양해야 한다. 이들 자료는 법원에 제출된 것들로 전자제출 시 데이터만 커질 뿐이고 인쇄물로 제출할 경우에도 비용이 증가해 감정인에게도 도움이 되지 않기 때문이다.

목   차

1. 감정목적
2. 감정 사항
3. 감정 절차 및 방법
4. 감정결과

첨부 1. 이 사건 공사 설계도면(관련부분)
첨부 2. 구조안전확인서(원고 제출자료)
첨부 3. 현장조사 사진

감정서 사례 45. [가독성 – 목차1 : 쪽 표시 없음]

목　　차

제 출 문

감정 수행 경과 보고

감정 요약문

감정서 사례 46. [가독성 - 목차2]

목 차

감정서 사례 47. [가독성 – 목차3]

목　차

감정서 사례 48. [가독성 – 기타 : 불필요한 자료 첨부]

제 **5** 장

건설감정서 사례
(서울중앙지방법원 건설감정실무기준)

1. 기성고 공사비
2. 하자보수비

1. 기성고 공사비

사 건 : 20**가소****과지급금반환
원 고 : ***
피 고 : ***

감 정 서

**시 **구 **로 **길 **

20**. **. **.

감정인 * * *

지방법원 민사** 귀중

제 출 문

사 건 20**가소****과지급금반환

원 고 ***

피 고 ***

이 사건 감정 업무를 수행함에 있어 감정신청서의 내용을 토대로 현장을 조사, 확인하였습니다. 이에 제반 자료와 기술적 검토를 통해 감정서를 작성하여 보고합니다.

20**. **. **.

감 정 인 : 건 축 사 · 건축시공기술사 * * * (인)

사 무 소 : ***

주   소 : **시 **구 **로 **길

전   화 : *** - **** - **** / 팩 스 : *** - *** - ***

이 메 일 : ******

지방법원 민사부 귀중

감정 수행 경과보고

1. 감정서 제출 목록

구 분	제출도서 및 서류	제출부수	비 고
감정서	감정보고서	3부	

2. 감정인 업무수행 및 당사자·관계자 접촉 경과표

번호	일 자	장 소	참 가 자	내 용	비고
1	****.**.**	-	-	현장조사 일정문의	유선
2	****.**.**	-	피고	현장조사 불참통보	유선
3	****.**.**	-	원고	자료제출	e-mail
4	****.**.**	-	-	자료제출 요청 및 현장조사 일정통보	
5	****.**.**	**지방법원	감정인, 원고	감정기일	
6	****.**.**	감정대상물	감정인, 원고	현장조사	
7	****.**.**	-	감정인, 원고	자료제출	e-mail
8	****.**.**	-	원고	자료제출	우편
9	****.**.**	-	원고	자료제출	e-mail
10	****.**.** ~****.**.**.	-	감정인 외1명	감정서 작성	
11	****.**.**	-	감정인	보고서 수정	
12	****.**.**	-	-	감정서 제출	

감 정 요 약 문

사　건　20**가소****과지급금반환

원　고　***

피　고　***

1. 감정결과

　　이 사건 피고가 공사를 중단한 시점의 기성고 비율은 72.71%이며, 이에 따른 기성고 공사비는 48,279,001원(VAT포함)이다. 산출근거는 다음과 같다.

구분	산출근거	비고
기성고 비율	$$\frac{\text{기시공 부분에 소요된 공사비}}{(\text{기시공 부분에 소요된 공사비}) + (\text{미시공 부분에 소요될 공사비})} = \text{기성고 비율(\%)}$$ $$\frac{₩55,571,339원}{₩55,571,339원 + ₩20,858,100원} = 72.71\%$$	대법원 '92.3.31. 선고91다42630 판결 외 기준
기성고 금액	₩66,400,000원 × 72.71% = ₩48,279,001원 (계약금액)　　(기성고비율)　　(기성금액)	VAT 포함

목   차

I. 감정보고서

1. 개 요

1.1 감정 개요

이 사건 감정대상은 **시 **로 103-1 소재 지하1층 PC방시설이다. 감정의 목적은 PC방 인테리어공사 중 피고가 시공한 공사에 소요된 공사비를 측정하여 원고가 피고에게 지급한 공사대금에서 과 지급된 금액을 정확히 산정하기 위함이다. 이를 위해 20**. **. **. 현장조사를 실시하였다.

감정 대상 전경

전경사진 첨부

1.2 감정 목적물 표시

구 분	내 용	비 고
주 소	**시 **로 **길 **	
용 도	근린생활시설(PC방)	
면 적	241.45㎡	지하1층
구조물의 구조형식	철근콘크리트조	

1.3 감정 목적물 위치

위치도(지도 or 항공사진) 첨부

2. 감정의 목적 및 감정신청사항 조정

2.1 감정의 목적

이 사건 감정의 목적은 PC방 인테리어공사 중 피고가 시공한 공사에 소요된 공사비를 측정하여 원고가 피고에게 지급한 공사대금에서 과지급된 금액을 정확히 산정하기 위함이다.

2.2 감정신청사항 조정

현장조사일 원고 확인을 통해 당초 감정신청사항이 감정취지와 일치하지 않은 것을 확인하였다. 그래서 원고 확인을 통해 감정신청사항을 아래와 같이 조정하였다.

구분	감정신청사항	감정신청사항 조정	비고
1	이 사건 감정목적물에 피고가 시공한 바닥타일공사의 공사금액을 감정하여 주시기 바랍니다.	이 사건 감정목적물에 피고가 시공한 부분의 기성고비율에 따른 공사비	

3. 전제사실 및 감정기준

3.1 전제사실

① 이 사건 감정과 관련하여 피고는 현장조사에 입회하지 않았으며 (20**.**.**. 입회불가 유선통보) 자료를 제출하지 않았다. 그래서 원고주장과 제출 자료를 기준으로 감정하였다.

② 이 사건 인테리어 도급계약서에는 도면과 수량산출서 및 공종별 세부내역서가 포함되어있지 않다. 그리고 계약서에 첨부된 견적서에는 기본공사와 별도공사 항목 중 수기로 표시된 3개 항목(철거공사, 화장실공사, 복도도

- 4 -

장) 항목에 대한 금액만 명시되어 있을 뿐 공사범위 및 마감기준 등을 확인할 수 있는 설계도면이나 재료마감표 등이 없다. 그리고 현장조사일 원고는 당초 감정신청사항(바닥타일 공사금액)과 달리 계약금액 중 피고가 시공한 부분에 대한 공사비를 산출해 줄 것을 요청하였다. 이는 기성고 비율에 따른 공사비 산출에 해당된다. 그래서 이 사건 감정은 상기 견적서에 명시된 공사항목에 대해 시공현황(공사범위 및 적용자재)을 기준으로 공사 중단시점의 공사수행비율(기성고 비율)을 산출하고 이에 따른 공사금액(기성고)를 산출하였다. 견적서에 명시된 공사항목 및 항목별공사비(VAT 포함)는 다음과 같다.

구분	내용	단위	수량	단가	금액	비고
기본공사	1. 내부전기배선공사	평	65	800,000	52,000,000	견적서 수기표시 (금액수정)
	2. 조명기구					
	3. 목공공사					
	4. 도장공사					
	5. 바닥공사					
	6. 내부금속					
	7. 유리공사					
	8. 기본내부사인					
	9. 공사폐기물처리					
	10. 흡연부스					
	11. 카운터공사					
	12. 랜공사					
	13. 특수지역 경비	식	1	2,500,000	2,500,000	
	14. 스마트책상,일반책상	EA	60	80,000	4,800,000	
	계				59,300,000	
별도공사	1. 철거공사	-	-	-	2,500,000	견적서 수기표시
	2. 순간온수기	-	-	-	-	해당 없음
	3. 도시가스공사	-	-	-	-	
	4. 소방완비공사	-	-	-	-	
	5. 소방전기공사	-	-	-	-	
	6. 소방전실사다리공사	-	-	-	-	
	7. 외부덕트연장공사	-	-	-	-	
	8. 외부 LED간판/돌출	-	-	-	-	
	9. 내부스프링쿨러신설	-	-	-	-	
	10.숭압공사.외부간선공사	-	-	-	-	
	11.냉·난방기공사	-	-	-	-	
	12. 화장실공사	-	-	-	4,000,000	견적서 수기표시
	13. 복도도장	-	-	-	600,000	견적서 수기표시
	계				7,100,000	
합계					66,400,000	VAT포함

③ 기성고비율 산출방식

기성고비율은 대법원 판례[1]에 따라 아래와 같이 기시공부분에 소요된 공사비와 미시공부분에 소요될 공사비를 확인하여 산정하였다.

$$\text{기성고 비율 \%} = \frac{\text{기시공 부분에 소요된 공사비}}{\text{기시공 부분에 소요된 공사비} + \text{미시공 부분에 소요될 공사비}}$$

3.2 감정기준

1) 감정기본자료

번호	제출일자	제출자	제출자료	자료형태	제출자료 보관			비 고
					감정인 보관	감정서 첨부	반환	
1	****.**.**	원고	PC방 좌석배치도	도면	●	●	×	e-mail
2	****.**.**	원고	사진	파일	●	●	×	e-mail
3	****.**.**	원고	인테리어 도급계약서, 견적서, 사진, 입출금거래내역,	서류	●	▲	×	우편
4	****.**.**	원고	공사사진	파일	●	▲	×	e-mail

2) 감정시점

이 건 감정시점은 피고가 공사를 중단한 시점인 20**년 **월이다.

3) 조사방법

육안 및 실측을 통해 공사범위와 마감재 종류를 확인하였다.

---

1) 대법원 1992.3.31. 선고 91다42630 판결; 대법원 1992.11.23. 선고 93다25080 판결; 대법원 1996. 1.23. 선고94다31631, 31648 판결 등 다수
"건축공사도급계약에 있어서 수급인이 공사를 완성하지 못한 상태로 계약이 해제되어 도급인이 그 기성고에 따라 수급인에게 공사대금을 지급하여야 할 경우, 그 공사비 액수는 공사비 지급방법에 관하여 달리 정한 경우 등 다른 특별한 사정이 없는 한 당사자 사이에 약정된 총공사비에 공사를 중단할 당시의 공사기성고 비율을 적용한 금액이고, 기성고 비율은 공사비 지급의무가 발생한 시점을 기준으로 하여 이미 완성된 부분에 소요된 공사비에 미시공 부분을 완성하는데 소요될 공사비를 합친 전체 공사비 가운데 완성된 부분에 소요된 비용이 차지하는 비율"

4) 공사비 산출

전제사실에서 밝힌 바와 같이 이 사건 인테리어 도급계약서에는 설계도면, 수량산출서, 공종별 세부내역서 및 재료마감표 등이 없다. 그래서 견적서에 명시된 항목에 대해 시공현황 등을 기준으로 수량을 산출하고, 건축공사 표준품셈과 감정기준시점의 단가를 적용하여 기성고비율 산출을 위한 공사비를 산출하였다.

5) 공사원가계산 제비율 적용

기성고비율 산출을 위한 공사비는 감정기준시점의 '공사원가계산 제비율'을 적용하였다.

구 분	비 목	공사원가계산 제비율	비 고
(1)재료비	직접재료비		
	소 계		
(2)노무비	직접노무비		
	간접노무비	(직노) × 9.7%	
	소 계		
(3)경 비	산재보험료	(노무비) × 3.9 %	
	고용보험료	(노무비) × 0.87 %	
	건강보험료	(직노) × 1.7%	
	연금보험료	(직노) × 2.49%	2017.2.15. 기준
	노인장기요양보험	(건강보험료) × 6.55%	
	퇴직공제부금	-	
	환경보전비	(재료비+직노+산출경비)× 0.5%	
	안전관리비	(재료비+직노)× 2.98%	
	기타 경비	(재료비+노무비) × 4.8%	
	소 계		
(4)일반관리비		(재료비+직노+경비) × 6.0%	
(5)이윤		(노무비+경비+일반관리비) × 15 %	
(6)부가가치세		10 %	

6) 감정의 수정·변경

이 사건 감정은 원고 주장과 제출 자료를 기준으로 감정한 것으로 추후 별도의 자료가 제출될 경우 수정·변경될 수 있다.

4. 감정사항

이 사건 감정목적물에 대해 피고가 시공한 부분의 기성고비율에 따른 공사비

감 정 사 항

현장조사일 원고주장과 시공현황 및 원고 제출 자료를 기준으로 확인한 피고 공사범위와 계약금액 및 부위별 시공현황은 다음과 같다.

구분	내용	계약금액	확인사항	비고
기본 공사	1. 내부전기배선공사	52,000,000	일부 미시공	배선 및 조명기구 등 취부
	2. 조명기구		일부 미시공	카운터, 싱크대 상부
	3. 목공공사		일부 미시공	각실 출입문 미시공
	4. 도장공사		완료	도배 변경시공 (벽, 천정)
	5. 바닥공사		완료	기존 바닥타일 위 덧씌우기
	6. 내부금속		완료	벽체 틀
	7. 유리공사		일부 미시공	유리칸막이
	8. 기본내부사인		일부 미시공	유리칸막이 시트지 미시공
	9. 공사폐기물처리		완료	
	10. 흡연부스		완료	
	11. 카운터공사		일부 미시공	카운터, 싱크대 상판 및 싱크볼 미시공
	12. 랜공사		미시공	원고 직접시공
	13. 특수지역 경비	2,500,000	미시공	책상 등 운반비(원고 주장)
	14. 스마트책상,일반책상	4,800,000	미시공	
	계	59,300,000		
별도 공사	1. 철거공사	2,500,000	완료	기존 PC방 내부시설물
	2. 순간온수기	-	해당 없음	
	3. 도시가스공사	-	해당 없음	
	4. 소방완비공사	-	해당 없음	
	5. 소방전기공사	-	해당 없음	
	6. 소방전실사다리공사	-	해당 없음	
	7. 외부덕트연장공사	-	해당 없음	
	8. 외부 LED간판/돌출	-	해당 없음	
	9. 내부스프링쿨러신설	-	해당 없음	
	10.승압공사,외부간선공사	-	해당 없음	
	11.냉·난방기공사	-	해당 없음	
	12. 화장실	4,000,000	미시공	원고 직접시공 주장
	13. 복도도장	600,000	완료	흡연실, 사무실 포함
	계	7,100,000		
	합계	66,400,000		VAT포함

구분	내용	금액 (VAT포함)	계약범위 바닥	벽	천정	기타	시공현황 바닥	벽	천정	기타	비고
기본 공사	1. 내부전기배선공사	52,000,000	-	●	●	●	-	●	●	▲	
	2. 조명기구		-	-	●	●	-	-	●	▲	
	3. 목공공사		-	●	●	●	-	●	●	▲	
	4. 도장공사		-	●	●	-	-	●	●	-	도배 변경시공
	5. 바닥공사		●	-	-	-	●	-	-	-	
	6. 내부금속		-	●	-	-	-	●	-	-	
	7. 유리공사		-	●	-	-	-	▲	-	-	장식벽 외
	8. 기본내부사인		-	●	-	●	-	▲	-	●	장식벽 외
	9. 공사폐기물처리		-	-	-	●	-	-	-	×	
	10. 흡연부스		●	●	●	-	●	●	●	-	
	11. 카운터공사		-	-	-	●	-	-	-	▲	카운터,싱크 외
	12. 랜공사		-	-	-	●	-	-	-	×	PC연결
	13. 특수지역 경비	2,500,000	-	-	-	●	-	-	-	×	책상운반비
	14. 스마트책상,일반책상	4,800,000	-	-	-	●	-	-	-	×	
	계	59,300,000									
별도 공사	1. 철거공사	2,500,000	-	●	●	●	-	●	●	●	수기표시
	2. 순간온수기	-	-	-	-	-	-	-	-	-	
	3. 도시가스공사	-	-	-	-	-	-	-	-	-	
	4. 소방완비공사	-	-	-	-	-	-	-	-	-	
	5. 소방전기공사	-	-	-	-	-	-	-	-	-	
	6. 소방전실사다리공사	-	-	-	-	-	-	-	-	-	
	7. 외부덕트연장공사	-	-	-	-	-	-	-	-	-	
	8. 외부 LED간판/돌출	-	-	-	-	-	-	-	-	-	
	9. 내부스프링쿨러신설	-	-	-	-	-	-	-	-	-	
	10. 승압공사,외부간선공사	-	-	-	-	-	-	-	-	-	
	11. 냉·난방기공사	-	-	-	-	-	-	-	-	-	
	12. 화장실	4,000,000	●	●	●	●	×	×	×	×	수기표시
	13. 복도도장	600,000	-	●	●	-	-	●	●	-	수기표시
	계	7,100,000									
합계		66,400,000									

1-1. 내부 전기배선공사

1-2. 조명기구

　　원고는 피고가 칸막이와 벽체 사인물 내부 매립등과 카운터 및 주방 전등을 미시공 하였으며 소방기구 배선을 연결하지 않았다고 주장하였다.

　　원고가 제출한 공사 중단시점 사진을 통해 내부 전기배선 및 전등 일부가 설치되지 않은 것을 확인하였다. 확인사항을 기준으로 공사비를 산출하였다.

원고 제출사진(피고 공사 중단시점)	카운터 및 주방상부등 원고 직접시공

1-3. 목공공사

　　원고는 피고가 흡연부스와 사무실 출입문을 설치하지 않아 직접 시공하였다고 주장하였다.

　　원고가 제출한 공사 중단시점 사진을 통해 피고가 흡연부스 내부벽체 및 PC칸막이 등을 시공한 것을 확인하였다. 하지만 흡연부스 등 출입문 2개소를 설치하지 않은 것을 확인하였다. 확인사항을 기준으로 공사비를 산출하였다.

원고 제출사진(피고 공사 중단시점)	흡연부스 출입문 원고 직접시공

1-4. 도장 공사

견적서에는 도장공사 부위 및 마감기준 등이 명시되어있지 않다. 그리고 도장 공사부위를 확인할 수 있는 설계도면도 없다. 그런데 PC방 내부에는 별도 공사인 복도도장(원고주장 : 흡연실 및 사무실 포함) 부위를 제외하고 도장공사가 이루어진 곳이 없다. 통상 인테리어 공사 중 도장공사가 이루어지는 곳은 벽체와 천정이다. 그런데 해당 PC방 천정과 벽체상부에는 도배지가, 벽체하부와 PC칸막이에는 타일이 시공되어 있다. 원고가 제출한 공사 중단시점 사진에도 천정과 벽체에 도배지와 타일이 시공되어 있다. 그래서 도장 공사에 대해서는 천정과 벽체를 도배지와 타일로 변경시공 한 것으로 간주하여 시공현황을 기준으로 공사비를 산출하였다.

| 원고 제출사진(피고 공사 중단시점) | 천정 도배지 시공현황 |
| 벽체상부 도배지, 벽체하부타일 시공현황 | PC칸막이 타일시공현황 |

1-5. 바닥공사

원고가 제출한 공사 중단시점 사진을 통해 PC방 바닥타일(400×400)시공이 완료된 것을 확인하였다. 이 항목에 대해 시공현황을 기준으로 공사비를 산출하였다.

원고 제출사진(피고 공사 중단시점)	타일(400×400) 시공현황

1-6. 내부금속공사

원고가 제출한 공사 중단시점 사진을 통해 화장실입구 칸막이벽 및 내부벽
체 등 금속공사가 완료된 것을 확인하였다. 이 항목에 대해 시공현황을 기준
으로 공사비를 산출하였다.

원고 제출사진(피고 공사 중단시점)	원고 제출사진(피고 공사 중단시점)

1-7. 유리공사

원고는 피고가 화장실입구 칸막이벽 유리 50%를 시공하지 않아 직접 시공
하였다고 주장하였다.

원고가 제출한 공사 중단시점 사진을 통해 화장실입구 칸막이벽 유리 50%
가 설치되지 않은 것을 확인하였다. 확인사항을 기준으로 공사비를 산출하였
다.

| 원고 제출사진(피고 공사 중단시점) | 원고 제출사진(피고 공사 중단시점) |

1-7. 기본내부사인

원고는 피고가 벽체 및 화장실 칸막이벽 유리표면에 전사지를 이용한 기본 내부사인물을 시공하지 않아 직접 시공하였다고 주장하였다.

원고가 제출한 공사 중단시점 사진을 통해 PC칸막이와 벽체 칼라유리 일부를 제외한 벽체 및 화장실칸막이벽 유리에 전사지를 이용한 기본내부사인물이 시공되지 않은 것을 확인하였다. 시공현황과 확인사항을 기준으로 공사비를 산출하였다.

| 원고 제출사진(피고 공사 중단시점) | 원고 시공현황 |

1-8. 공사폐기물처리

원고는 피고가 철거공사와 관련하여 폐기물처리비를 별도로 지급하였으며, 공사 중 발생한 폐기물을 처리하지 않아 직접 처리하였다고 주장하였다.

현장조사일 원고 확인과 원고가 제출한 공사 중단시점 사진을 통해 기존 PC방 마감재가 철거 후 재시공된 것을 확인하였다. 하지만 피고가 철거한 폐

- 13 -

기물수량과 공사 중 발생한 폐기물 수량을 확인할 수 있는 자료는 없다. 그래서 이 항목은 공사범위를 기준으로 산출한 수량(천장재)에 대한 폐기물처리비를 산출하였다.

1-9. 흡연부스

원고는 피고가 흡연부스 바닥타일과 칸막이벽체 설치를 완료한 것을 인정하였다. 이 항목은 시공현황을 기준으로 공사비를 산출하였다.

시공현황	시공현황

1-10. 카운터 공사

원고는 피고가 접수카운터 하부상판 및 주방 싱크대 상판(싱크볼 포함)을 시공하지 않아 직접 시공하였다고 주장하였다. 하지만 냉장고, 정수기 및 매대 등 가구공사 일부가 이루어진 것은 인정하였다.

원고가 제출한 공사 중단시점 사진을 통해 접수카운터 하부상판 및 주방 싱크대 상판(싱크볼 포함)이 설치되지 않은 것을 확인하였다. 확인사항을 기준으로 공사비를 산출하였다.

원고 제출사진(피고 공사 중단시점)	카운터 상판 원고 직접시공현황

- 14 -

1-11. 랜공사

원고는 피고가 PC를 설치하기 전 공사를 중단하여 랜공사(통신선 연결)가 이루어지지 않았다고 주장하였다.

원고가 제출한 공사 중단시점 사진을 통해 랜공사(통신선 연결)가 이루어지지 않은 것을 확인하였다. 확인사항을 기준으로 공사비를 산출하였다.

원고 제출사진(피고 공사 중단시점)	랜공사 원고 직접시공현황

1-12. 특수지역경비 / 1-13. 스마트책상, 일반책상

원고는 특수지역 경비가 PC용 책상을 육지에서 제주도로 운반하는데 소요되는 비용이라고 주장하였다. 그리고 피고가 PC용 책상을 설치하지 않아 직접 구입하여 설치하였다고 주장하였다.

원고가 제출한 공사 중단시점 사진을 통해 PC용 책상이 설치되지 않은 것을 확인하였다. 특수지역 경비와 책상 등은 견적서에 금액이 확정되어있다. 그래서 이 항목들은 해당 금액을 공사비로 적용하였다.

원고 제출사진(피고 공사 중단시점)	원고 제출사진(피고 공사 중단시점)

- 15 -

2-1. 철거공사

원고는 피고가 공사 전 기존 PC방 내부마감재 및 집기비품을 철거와 관련한 추가공사를 완료한 것을 인정하였다. 그리고 철거공사는 별도공사로 견적서에 금액이(수기표시) 확정되어 있다. 그래서 이 항목은 해당 금액을 공사비로 적용하였다.

2-2. 순간온수기 / 2-3. 도시가스공사 / 2-4. 소방완비공사

2-5. 소방전기공사 / 2-6. 소방전실사다리공사

2-7. 외부덕트연장공사 / 2-8. 외부 LED간판/돌출

2-9. 내부스프링쿨러신설 / 2-10. 승압공사/외부간선공사

2-11. 냉·난방기 공사

상기 항목들은 견적서 별도공사 항목에 포함되어 있으나 세부내역 및 공사비 등이 명시되어있지 않다. 그리고 이들 항목과 관련하여 공사 또한 이루어지지 않았다. 그래서 이들 항목에 대해서는 공사비 산정에서 제외하였다.

2-12. 화장실공사

원고는 피고가 화장실(남·여) 타일과 위생도기 등을 재시공하는 별도공사를 이행하지 않아 직접 철거 후 재시공 하였다고 주장하였다.

원고가 제출한 공사 중단시점 사진을 통해 화장실이 재시공되지 않은 것을 확인하였다. 화장실공사는 견적서에 금액이(수기표시) 확정되어 있다. 그래서 이 항목은 해당 금액을 공사비로 적용하였다.

원고 제출사진(피고 공사 중단시점)	화장실 원고 직접시공 현황

2-13. 복도도장

　원고는 피고가 복도(지하층 출입구)와 흡연부스 및 사무실 벽과 천정도장에
대한 추가공사를 완료하였다고 인정하였다.

　복도도장은 견적서에 금액이(수기표시) 확정되어 있다. 그래서 이 항목은
해당 금액을 공사비로 적용하였다.

피고 시공현황-복도	피고 시공현황-흡연실

5. 결론

이 사건 피고가 공사를 중단한 시점의 기성고 비율은 72.71%이며, 이에 따른 기성고 공사비는 48,279,001원(VAT포함)이다. 산출근거는 다음과 같다.

구분	산출근거	비고
기성고 비율	$$\frac{\text{기시공 부분에 소요된 공사비}}{(\text{기시공 부분에 소요된 공사비}) + (\text{미시공 부분에 소요될 공사비})} = \text{기성고 비율(\%)}$$ $$\frac{₩55,571,339원}{₩55,571,339원 + ₩20,858,100원} = 72.71\%$$	대법원 '92.3.31. 선고91다42630 판결 외 기준
기성고 금액	₩66,400,000원 × 72.71% = ₩48,279,001원 (계약금액)　(기성고비율)　(기성금액)	VAT 포함

Ⅱ. 감정 내역서

1. 기성고비율 및 기성고 공사대금

기성고비율 및 기성고 공사대금

(20**가소****과지급금반환)

구분	산출내역	비고
1) 계약금액	₩ 66,400,000 원	※ 2017년 1월 12일자 도급계약서 약정금액 (VAT 포함)
2) 기성고 비율	$$\frac{(기시공\ 부분에\ 소요된\ 공사비)}{(기시공\ 부분에\ 소요된\ 공사비) + (미시공\ 부분에\ 소요될\ 공사비)} = 기성고비율$$ ↓ $$\frac{₩\ 55,571,339원\ (기시공\ 부분에\ 소요된\ 공사비)}{₩\ 55,571,339원\ (기시공\ 부분에\ 소요된\ 공사비) + ₩\ 20,858,100원\ (미시공\ 부분에\ 소요될\ 공사비)} = 72.71\%$$	
3) 기성고 공사대금	₩ 66,400,000 원 (계약금액) x 72.71% (기성고비율) = ₩ 48,279,001원 (기성금액)	

2. 산출근거

번호	품 명	규격	단위	수량	재료비 단가	재료비 금액	노무비 단가	노무비 금액	경비 단가	경비 금액	직접비 소계	간접 노무비	산재,고용	연금,퇴직	건강 보험료	노인 장기요	안전 관리비	기타 경비	환경 보전비	경비 소계	일반 관리비	이윤	간접 비소계	공사 비합계	부가세	공사원가	비고
	기사공부문에소요인 공사비																										
1	1-1. 내부전기배선공사		식	1	259,414	259,414	864,717	864,717	-	-	1,124,131	83,878	45,248	21,531	14,700	963	43,841	57,984	5,621	189,889	83,874	183,354	540,994	1,665,125	166,512	1,831,637	
2	1-2. 조명기구공사		식	1	1,134,353	1,134,353	811,843	811,843	-	-	1,946,196	78,749	42,481	20,215	13,601	904	75,902	97,197	9,731	260,231	137,111	193,190	669,281	2,615,477	261,548	2,877,024	
3	1-3. 목공공사		식	1	1,412,787	1,412,787	5,452,176	5,452,176	30,286	30,286	6,895,249	528,861	285,295	135,759	92,687	6,071	267,734	354,904	34,476	1,176,926	516,062	1,155,667	3,377,496	10,272,745	1,027,274	11,300,019	
4	1-4. 도장공사(도배 변경공사)		식	1	1,775,037	1,775,037	3,872,056	3,872,056	70,506	70,506	5,717,599	375,589	202,613	96,414	65,825	4,312	220,237	289,089	28,588	907,077	420,016	846,787	2,549,469	8,267,068	826,707	9,093,774	
5	1-5. 바닥공사		식	1	2,797,966	2,797,966	6,061,797	6,061,797	120,771	120,771	8,980,524	587,994	317,195	150,939	103,051	6,750	345,530	453,492	44,903	1,421,859	659,423	1,327,777	3,997,053	12,977,577	1,297,758	14,275,334	
6	1-6. 내부금속공사		식	1	577,772	577,772	2,632,789	2,632,789	912	912	3,211,473	255,381	137,766	65,556	44,757	2,932	125,212	166,365	16,057	558,646	241,530	553,389	1,608,946	4,820,418	482,042	5,302,459	
7	1-7. 유리공사		식	1	267,139	267,139	420,241	420,241	-	-	687,380	40,763	21,990	10,464	7,144	468	26,808	34,951	3,437	105,262	50,004	92,441	288,470	975,850	97,585	1,073,435	
8	1-8. 기간내부사인		식	1	708,295	708,295	205,256	205,256	-	-	913,551	19,910	10,740	5,111	3,489	229	35,628	44,806	4,568	104,572	62,282	58,803	245,566	1,159,117	115,912	1,275,029	
9	1-9. 공사배물처리		식	1																							
10	1-10. 출연부스		식	1	15,709	15,709	1,329,102	1,329,102	43	43	1,344,854	128,923	69,548	33,095	22,595	1,480	52,448	70,739	6,724	256,628	103,824	272,778	762,154	2,107,008	210,701	2,317,708	
11	1-11. 카운터공사		식	1	1,653,767	1,653,767	564,818	564,818	-	-	2,218,585	54,787	29,555	14,064	9,602	629	86,525	109,122	11,093	260,590	152,038	154,835	622,250	2,840,835	284,083	3,124,918	
12	1-12. 렌공사		식	1																							
13	1-13. 특수지역경비		식	1																							
14	1-14. 스마트책상, 일반책상		식	1																							
15	2-1. 철거공사		식	1	2,500,000	2,500,000	-	-	-	-	2,500,000													2,500,000		2,500,000	
16	2-2. 순간온수기		식	1																							
17	2-3. 도시가스공사		식	1																							
18	2-4. 소방설비공사		식	1																							
19	2-5. 소방전기공사		식	1																							
20	2-6. 소방전공사다리공사		식	1																							
21	2-7. 외부덕트연공사		식	1																							
22	2-8. 외부 LED 간판/돌출		식	1																							
23	2-9. 외부 스프링클러신설		식	1																							
24	2-10. 승압공사/외부건선공사		식	1																							
25	2-11. 냉·난방기공사		식	1																							
26	2-12. 화장실		식	1																	36,000						
27	2-13. 복도도장		식	1	600,000	600,000	-	-	-	-	600,000													600,000	600,000	600,000	
	[계]				13,792,209	13,792,209	22,274,795	22,274,795	222,518	222,518	36,139,542	2,154,835	1,162,431	553,148	377,652	24,736	1,279,864	1,678,649	165,196	3,241,678	2,462,163	4,838,998	14,681,675	50,801,217	4,770,122	55,571,339	
	미사공부문에소요질 공사비																										

2. 공사원가 계산서

번호	품명	규격	단위	수량	재료비 단가	재료비 금액	노무비 단가	노무비 금액	경비 단가	경비 금액	직접비 소계	간접 노무비	산재 고용	연금 퇴직	건강 보험료	노인 장기요	안전 관리비	기타 경비	환경 보전비	경비 소계	일반 관리비	이윤	간접비 소계	공사 비합계	부가세	공사원가	비고
1	1-1. 내부전기배선공사		식	1	86,472	86,472	288,239	288,239	-	-	374,711	27,959	15,083	7,177	4,900	321	14,614	19,328	1,874	63,296	27,958	61,118	180,331	555,042	55,504	610,546	
2	1-2. 조명기구공사		식	1	970,011	970,011	834,120	834,120	-	-	1,804,131	80,910	43,647	20,770	14,180	929	70,361	90,482	9,021	249,389	128,066	193,873	652,237	2,456,588	245,637	2,702,005	
3	1-3. 목공사		식	1	240,000	240,000	-	-	-	-	240,000	-	-	-	-	-	9,360	11,520	1,200	22,080	15,725	5,671	43,476	283,476	28,348	311,823	
4	1-4. 도장공사(도배 연결공사)		식	1	-	-	-	-	-	-	-	-	-	-	-	-	-	-	-	-	-	-	-	-	-	-	
5	1-5. 바닥공사		식	1	-	-	-	-	-	-	-	-	-	-	-	-	-	-	-	-	-	-	-	-	-	-	
6	1-6. 내부금속공사		식	1	-	-	-	-	-	-	-	-	-	-	-	-	-	-	-	-	-	-	-	-	-	-	
7	1-7. 유리공사		식	1	68,024	68,024	107,009	107,009	-	-	175,033	10,380	5,599	2,665	1,819	119	6,826	8,900	875	26,804	12,733	23,539	73,455	248,488	24,849	273,337	
8	1-8. 기본내부사인		식	1	1,066,425	1,066,425	205,256	205,256	-	-	1,271,681	19,910	10,740	5,111	3,489	229	49,596	61,996	6,358	137,520	85,747	67,265	310,441	1,582,122	158,212	1,740,334	
9	1-9. 공사배물처리		식	1	-	-	-	-	70,264	70,264	70,264	-	-	-	-	-	-	-	351	351	4,237	11,228	15,816	86,080	8,608	94,688	
10	1-10. 흠연부스		식	1	-	-	-	-	-	-	-	-	-	-	-	-	-	-	-	-	-	-	-	-	-	-	
11	1-11. 카운터공사		식	1	156,973	156,973	185,961	185,961	-	-	342,934	18,038	9,731	4,630	3,161	207	13,374	17,327	1,715	50,145	24,667	41,822	134,672	477,606	47,761	525,367	
12	1-12. 렌공사		식	1	3,000,000	3,000,000	-	-	-	-	3,000,000	-	-	-	-	-	-	-	-	-	-	-	-	3,000,000	300,000	3,300,000	
13	1-13. 특수지역경비		식	1	2,500,000	2,500,000	-	-	-	-	2,500,000	-	-	-	-	-	-	-	-	-	-	-	-	2,500,000	-	2,500,000	
14	1-14. 스마트책상, 일반책상		식	1	4,800,000	4,800,000	-	-	-	-	4,800,000	-	-	-	-	-	-	-	-	-	-	-	-	4,800,000	-	4,800,000	
15	2-1. 쇼케이스공사		식	1	-	-	-	-	-	-	-	-	-	-	-	-	-	-	-	-	-	-	-	-	-	-	
16	2-2. 순간온수기		식	1	-	-	-	-	-	-	-	-	-	-	-	-	-	-	-	-	-	-	-	-	-	-	
17	2-3. 도시가스공사		식	1	-	-	-	-	-	-	-	-	-	-	-	-	-	-	-	-	-	-	-	-	-	-	
18	2-4. 소방전배공사		식	1	-	-	-	-	-	-	-	-	-	-	-	-	-	-	-	-	-	-	-	-	-	-	
19	2-5. 소방전기공사		식	1	-	-	-	-	-	-	-	-	-	-	-	-	-	-	-	-	-	-	-	-	-	-	
20	2-6. 소방설비사다리공사		식	1	-	-	-	-	-	-	-	-	-	-	-	-	-	-	-	-	-	-	-	-	-	-	
21	2-7. 외부덕트연장공사		식	1	-	-	-	-	-	-	-	-	-	-	-	-	-	-	-	-	-	-	-	-	-	-	
22	2-8. 외부 LED 간판/ 돌출		식	1	-	-	-	-	-	-	-	-	-	-	-	-	-	-	-	-	-	-	-	-	-	-	
23	2-9. 내부스프링클러신설		식	1	-	-	-	-	-	-	-	-	-	-	-	-	-	-	-	-	-	-	-	-	-	-	
24	2-10. 승합공사/외부건설공사		식	1	-	-	-	-	-	-	-	-	-	-	-	-	-	-	-	-	-	-	-	-	-	-	
25	2-11.넵·냉방기공사		식	1	-	-	-	-	-	-	-	-	-	-	-	-	-	-	-	-	-	-	-	-	-	-	
16	2-12. 화장실		식	1	4,000,000	4,000,000	-	-	-	-	4,000,000	-	-	-	-	-	-	-	-	-	-	-	-	4,000,000	-	4,000,000	
17	2-13. 복도도장		식	1	-	-	-	-	-	-	-	-	-	-	-	-	-	-	-	-	-	-	-	-	-	-	
	[합 계]				14,897,994	1,623,585	1,620,585		70,264	70,264	18,578,753	157,197	84,800	40,353	27,550	1,805	164,131	209,553	21,394	549,585	299,132	404,514	1,410,428	19,988,981	868,918	20,858,100	

3. 공종별집계표

품명	규격	단위	수량	재료비 단가	재료비 금액	가사공부분에 소요될 공사비 노무비 단가	노무비 금액	경비 단가	경비 금액	합계 단가	합계 금액	미사공부분에 소요될 공사비 재료비 단가	재료비 금액	노무비 단가	노무비 금액	경비 단가	경비 금액	합계 단가	합계 금액	비고
1-1. 내부전기배선공사		식	1	259,414	259,414	864,717	864,717	-	-	1,124,131	1,124,131	86,472	86,472	298,239	298,239	-	-	374,711	374,711	
1-2. 조명기구설치공사		식	1	1,134,353	1,134,353	811,843	811,843	-	-	1,946,196	1,946,196	970,011	970,011	834,120	834,120	-	-	1,604,131	1,604,131	
1-3. 욕실공사		식	1	1,412,787	1,412,787	5,452,176	5,452,176	30,286	30,286	6,895,249	6,895,249	240,000	240,000	-	-	-	-	240,000	240,000	
1-4. 도장공사(도면 변경공사)		식	1	1,775,037	1,775,037	3,872,056	3,872,056	70,506	70,506	5,717,599	5,717,599	-	-	-	-	-	-	-	-	
1-5. 바닥공사		식	1	2,797,956	2,797,956	6,061,797	6,061,797	120,771	120,771	8,960,524	8,960,524	-	-	-	-	-	-	-	-	
1-6. 내부칸막이공사		식	1	577,772	577,772	2,632,789	2,632,789	912	912	3,211,473	3,211,473	-	-	-	-	-	-	-	-	
1-7. 외벽공사		식	1	267,139	267,139	420,241	420,241	-	-	687,380	687,380	68,024	68,024	107,009	107,009	-	-	175,033	175,033	
1-8. 기본내부사인		식	1	708,295	708,295	205,256	205,256	-	-	913,551	913,551	1,066,425	1,066,425	205,256	205,256	-	-	1,271,681	1,271,681	
1-9. 공사폐기물처리		식	1	-	-	-	-	-	-	-	-	-	-	-	-	70,264	70,263.74	70,264	70,264	
1-10. 줄눈보수		식	1	15,709	15,709	1,329,102	1,329,102	43	43	1,344,854	1,344,854	-	-	-	-	-	-	-	-	
1-11. 카펫타일공사		식	1	1,653,767	1,653,767	564,818	564,818	-	-	2,218,585	2,218,585	156,973	156,973	185,961	185,961	-	-	342,934	342,934	
1-12. 천정공사		식	1	-	-	-	-	-	-	-	-	3,000,000	3,000,000	-	-	-	-	3,000,000	3,000,000	
1-13. 폐수처리경비		식	1	-	-	-	-	-	-	-	-	2,500,000	2,500,000	-	-	-	-	2,500,000	2,500,000	
1-14. 스마트팜설치및반입비		식	1	2,500,000	2,500,000	-	-	-	-	2,500,000	2,500,000	4,800,000	4,800,000	-	-	-	-	4,800,000	4,800,000	
2-1. 가구공사		식	1	-	-	-	-	-	-	-	-	-	-	-	-	-	-	-	-	
2-2. 순간온수기		식	1	-	-	-	-	-	-	-	-	-	-	-	-	-	-	-	-	
2-3. 도시가스공사		식	1	-	-	-	-	-	-	-	-	-	-	-	-	-	-	-	-	
2-4. 소방설비공사		식	1	-	-	-	-	-	-	-	-	-	-	-	-	-	-	-	-	
2-5. 소방전기공사		식	1	-	-	-	-	-	-	-	-	-	-	-	-	-	-	-	-	
2-6. 소방진화설치공사		식	1	-	-	-	-	-	-	-	-	-	-	-	-	-	-	-	-	
2-7. 소방전기화재공사		식	1	-	-	-	-	-	-	-	-	-	-	-	-	-	-	-	-	
2-8. 외부 LED 간판/조명		식	1	-	-	-	-	-	-	-	-	-	-	-	-	-	-	-	-	
2-9. 내부사인		식	1	-	-	-	-	-	-	-	-	-	-	-	-	-	-	-	-	
2-10. 출입공사/외부간판공사		식	1	-	-	-	-	-	-	-	-	-	-	-	-	-	-	-	-	
2-11.18. 난방기공사		식	1	-	-	-	-	-	-	-	-	-	-	-	-	-	-	-	-	
2-12. 흡음공사		식	1	-	-	-	-	-	-	-	-	-	-	-	-	-	-	-	-	
2-13. 정보통신		식	1	600,000	600,000	-	-	-	-	600,000	600,000	4,000,000	4,000,000	-	-	-	-	4,000,000	4,000,000	
계					13,702,229		22,214,795		222,518		36,139,542		16,887,904		1,820,586		70,264		19,578,753	

- 25 -

품명	규격	단위	기시공부분에 소요될 공사비									미시공부분에 소요될 공사비									비고
			수량	재료비 단가	재료비 금액	노무비 단가	노무비 금액	경비 단가	경비 금액	합계 단가	합계 금액	수량	재료비 단가	재료비 금액	노무비 단가	노무비 금액	경비 단가	경비 금액	합계 단가	합계 금액	
1-1. 내부전기배선공사																					
내부전기배선 및 조명기구연결		식	0.75	345,886	259,414	1,152,956	864,717			1,498,842	1,124,131	0.25	345,886	86,472	1,152,956	288,239			1,498,842	374,711	호표 1
[합계]					259,414		864,717				1,124,131			86,472		288,239				374,711	
1-2. 조명기구공사																					
LED 등기구 설치	다운라이트, 15개	EA	27.00	40,863	1,103,301	28,769	776,763			69,632	1,880,064										호표 2
형광등 설치(심지등)	30W 이하 * 2(심지등)	EA	1.00	31,052	31,052	35,080	35,080			66,132	66,132										호표 3
형광등 설치-매입/반매입	20W 이하	EA	-	46,191		39,720				85,911		21.00	46,191	970,011	39,720	834,120			85,911	1,804,131	호표 4
[합계]					1,134,353		811,843				1,946,196			970,011		834,120				1,804,131	
1-3. 목공사																					
석고보드 나사 고정	천장, 2겹 붙임	M2	175.50	3,843	674,446	12,309	2,160,229	94	16,497	16,246	2,851,172										호표 5
목재틀 설치	30×30, @300	M2	146.70	1,190	174,573	12,971	1,902,845			14,161	2,077,418										호표 6
석고보드 나사 고정	벽, 2겹 붙임	M2	146.70	3,843	563,768	9,469	1,389,102	94	13,789	13,406	1,966,659										호표 7
목문설치	일반목재 각종	EA	-	120,000						120,000		2.00	120,000	240,000					120,000	240,000	자재38
[합계]					1,412,787		5,452,176		30,286		6,895,249			240,000						240,000	
1-4. 도장공사(도배 변경공사)																					
도배 - 합판 - 석고보드면	천장, 종이벽지	M2	175.50	1,877	329,413	5,480	961,740			7,357	1,291,153										호표 8
도배 - 합판 - 석고보드면	벽, 종이벽지	M2	93.60	1,877	175,687	4,215	394,524			6,092	570,211										호표 9
타일떠붙임(19mm)	벽, 드솔류 400×400(백색줄눈)	M2	74.88	14,858	1,112,567	31,679	2,372,123	888	66,493	47,425	3,551,183										호표 10
파벽돌붙임(18mm)	파벽돌(백색줄눈)	M2	4.05	38,857	157,370	35,474	143,669	991	4,013	75,322	305,052										호표 11
[합계]					1,775,037		3,872,056		70,506		5,717,599										
1-5. 바닥공사																					
타일붙임(바탕 24mm, 접착 5mm)	바닥, 400×400(일반도, 백색줄눈)	M2	189.00	14,804	2,797,956	32,073	6,061,797	639	120,771	47,516	8,980,524										호표 12
[합계]					2,797,956		6,061,797		120,771		8,980,524										
1-6. 내부금속공사																					
사인보드(벽)	50×50 설치비, 페인트 포함	m	29.60	3,182	94,187	13,916	411,913	9	266	17,107	506,396										호표 13
걸레받이	50×100 설치비, 페인트 포함	m	46.20	5,608	259,089	24,624	1,137,628	14	646	30,246	1,397,363										호표 14

4. 기성고내역서

품명	규격	단위	수량	재료비 단가	재료비 금액	노무비 단가	노무비 금액	경비 단가	경비 금액	합계 단가	합계 금액	수량	재료비 단가	재료비 금액	노무비 단가	노무비 금액	경비 단가	경비 금액	합계 단가	합계 금액	비고
						기시공부분에 소요된 공사비									미시공 부분에 소요될 공사비							
현행 현기병		EA	16.00	14,031	224,496	67,703	1,083,248		912	81,734	1,307,744		14,031		67,703	67,703			81,734	81,734	호표 15
【합계】					577,772		2,632,769				3,211,473										
1-7. 유리공사																					
백재로고	5mm, 칼라유리, 설치 포함	㎡	3.76	8,398	31,576	13,211	49,673			21,609	81,249		8,398		13,211				21,609		호표 16
사인보드(백)	5mm, 투영유리, 설치 포함	㎡	19.95	8,398	167,540	13,211	263,559			21,609	431,099		8,398		13,211				21,609		호표 17
현장 큰장 유리	10mm, 투영유리, 설치 포함	㎡	8.10	8,398	68,023	13,211	107,009			21,609	175,032	8.10	8,398	68,024	13,211	107,009			21,609	175,033	호표 18
【합계】					267,139		420,241				687,380			68,024		107,009				175,033	175,033
1-8. 기본내부사인																					
백재로고	인테리어필름, 단색	㎡	3.76	29,500	110,920					29,500	110,920		29,500						29,500		호표 19
간략이로고	인테리어필름, 단색	㎡	20.25	29,500	597,375					29,500	597,375		29,500						29,500		호표 20
사인보드(백)	인테리어필름, 단색	㎡	-	29,500						29,500		19.95	29,500	588,525					29,500	588,525	호표 21
현장실장안쪽이	인테리어필름, 단색	㎡	-	29,500						29,500		16.20	29,500	477,900					29,500	477,900	호표 22
사인물 부착	보통인부	인	2.00			102,628	205,256			102,628	205,256	2.00			102,628	205,256			102,628	205,256	노임 1
【합계】					708,295		205,256				913,551			1,066,425		205,256				1,271,681
1-9. 공사폐물처리																					
건설폐기물처리	수집, 운반 포함	톤	-									1.54					45,714	70,264	45,714	70,264	호표 23
【합계】									45,714									70,264		70,264
1-10. 출인부스																					
막재틀 설치	30*30, @300	M2	14.40	902	12,988	6,490	93,456			7,392	106,444		902		6,490				7,392		호표 6
석고판 나사 고정	박, 2겹 붙임	M2	14.40	189	2,721	3,893	56,059	3	43	4,085	58,823		189		3,893		3		4,085		호표 7
타일합축붙임(타일 24mm+타 5mm)	바닥, 400×400(일반C, 반죽줄눈)	M2	17.42	67,734	1,179,587					67,734	1,179,587		67,734						67,734		호표 12
【합계】					15,709		1,329,102		43		1,344,854									
1-11. 카운터공사																					
카운터	W2.0×D0.9×H1.2	EA	1.00	396,980	396,980	51,314	51,314			448,294	448,294		396,980		51,314				448,294		호표 24
수방가구	W2.5×D0.6×H0.9	EA	1.00	608,739	608,739	133,002	133,002			741,741	741,741		608,739		133,002				741,741		호표 25
수납home-1(냉장고)	W1.2×D0.65×H2.0	EA	1.00	152,727	152,727	66,501	66,501			219,228	219,228		152,727		66,501				219,228		호표 26

- 27 -

180   제 5 장 건설감정서 사례

4. 기성고내역서

품 명	규 격	단위	기성부분에 소요된 공사비									미시공부분에 소요될 공사비									비고
			재료비 단가	재료비 금액	노무비 단가	노무비 금액	경비 단가	경비 금액	합계 단가	합계 금액	수량	수량	재료비 단가	재료비 금액	노무비 단가	노무비 금액	경비 단가	경비 금액	합계 단가	합계 금액	
수납장-2(음수대)	W0.5×D0.65×H1.2	EA	214,931	214,931	66,501	66,501			281,432	281,432	1.00	-	214,931		66,501	66,501			281,432		호표 27
수납장-3(진열장)	W1.0×D0.2×H1.2	EA	100,968	201,936	66,501	133,002			167,469	334,938	2.00	-	100,968		66,501				167,469		호표 28
카운터 상판	인조대리석	m2	43,586	78,454	63,610	114,498			107,196	192,952	1.80	1.00	43,586	43,586	63,610	63,610			107,196	107,196	호표 29
주방가구 상판	인조대리석	m2	43,586		63,610				107,196		-	1.50	43,586	65,379	63,610	95,415			107,196	160,794	호표 30
주방가구 상크볼	600×400	EA	48,008		26,936				74,944		-	1.00	48,008	48,008	26,936	26,936			74,944	74,944	호표 31
[합계]				1,653,767		564,818				2,218,585				156,973		185,961				342,934	
1-12. 렌공사																					
PC연결공사	CAT6케트워크공사,60대기준	식	3,000,000						3,000,000		-	1.00	3,000,000	3,000,000					3,000,000	3,000,000	자재 35
[합계]														3,000,000						3,000,000	
1-13. 특수자여권비																					
작성 운반비		식	2,500,000						2,500,000		-	1.00	2,500,000	2,500,000					2,500,000	2,500,000	자재 36
[합계]				2,500,000						2,500,000				2,500,000						2,500,000	
1-14. 스마트폰작성, 일반작성																					
PC폼 작성		식	4,800,000						4,800,000		-	1.00	4,800,000	4,800,000					4,800,000	4,800,000	자재 36
[합계]														4,800,000						4,800,000	
2-1. 철거공사																					
기존PC방시설 철거		식	2,500,000	2,500,000					2,500,000	2,500,000	1.00	-	2,500,000						2,500,000		자재 36
[합계]				2,500,000						2,500,000											
2-2. 순건운수기																					
운경운빵		식									-											
[합계]																					
2-3. 도시가스공사																					
운경운빵		식									-											
[합계]																					

4. 기성고내역서

품명	규격	단위	기성부분에 소요된 공사비										미시공부분에 소요될 공사비										비고
			수량	재료비		노무비		경비		합계			수량	재료비		노무비		경비		합계			
				단가	금액	단가	금액	단가	금액	단가	금액			단가	금액	단가	금액	단가	금액	단가	금액		
2-4. 소방안내공사																							
응경감병		식	-										-										
[계]																							
2-5. 소방전기공사																							
응경감병		식	-										-										
[계]																							
2-6. 소방경보시디리공사																							
응경감병		식	-										-										
[계]																							
2-7. 더 닥터드연결공사																							
응경감병		식	-										-										
[계]																							
2-8. 조 LED 간판동출																							
응경감병		식	-										-										
[계]																							
2-9. 내구인건물프구조사																							
응경감병		식	-										-										
[계]																							
2-10. 응경감병 · 응경감병																							
응경감병		식	-										-										
[계]																							
2-11. 장 · 응경감병																							
응경감병		식	-										-										
[계]																							

182 제 5 장 건설감정서 사례

4. 기성고내역서

품명	규격	단위	기시공부분에 소요될 공사비									미시공부분에 소요될 공사비									비고
			수량	재료비 단가	재료비 금액	노무비 단가	노무비 금액	경비 단가	경비 금액	합계 단가	합계 금액	수량	재료비 단가	재료비 금액	노무비 단가	노무비 금액	경비 단가	경비 금액	합계 단가	합계 금액	
2-12. 하경실																					
담 튀, 위생도기를 출가후 재시공	식	-		4,000,000							4,000,000	1.00	4,000,000	4,000,000						4,000,000	자재 36
[합계]														4,000,000						4,000,000	
2-13. 복도도장																					
지하1층~1층 계단실 벽,천정 무늬코트	식	1.00		600,000	600,000						600,000	-	600,000							600,000	자재 36
[합계]					600,000						600,000									600,000	

- 30 -

5. 항목별 일위대가표

품 명	규 격	단위	수량	재료비 단가	재료비 금액	노무비 단가	노무비 금액	경비 단가	경비 금액	합계 단가	합계 금액	비고
1-1. 내부전기배선공사												
내부전기배선 및 조명기구연결		식	1	345,886	345,886	1,152,956	1,152,956			1,498,842	1,498,842	호표 1
1-2. 조명기구공사												
LED 등기구 설치	다운라이트, 15W	EA	1	40,863	40,863	28,769	28,769			69,632	69,632	호표 2
형광등 설치(십자등)	30W 이하 * 2(십자등)	EA	1	31,052	31,052	35,080	35,080			66,132	66,132	호표 3
형광등 설치-매입/반매입	20W 이하	EA	1	46,191	46,191	39,720	39,720			85,911	85,911	호표 4
1-3. 목공공사												
석고판 나사 고정	천장, 2겹 붙임	M2	1	3,843	3,843	12,309	12,309	94	94	16,246	16,246	호표 5
목재틀 설치	30*30, @300	M2	1	1,190	1,190	12,971	12,971			14,161	14,161	호표 6
석고판 나사 고정	벽, 2겹 붙임	M2	1	3,843	3,843	9,469	9,469	94	94	13,406	13,406	호표 7
목문설치	940*2040*36, 시공비포함	EA	1	120,000	120,000					120,000	120,000	자재38
1-4. 도장공사(도배 변경공사)												
도배 - 합판·석고보드면	천장, 종이벽지	M2	1	1,877	1,877	5,480	5,480			7,357	7,357	호표 8
도배 - 합판·석고보드면	벽, 종이벽지	M2	1	1,877	1,877	4,215	4,215			6,092	6,092	호표 9
타일떠붙임(18mm)	벽, 논슬립 400*400(백색줄눈)	M2	1	14,858	14,858	31,679	31,679	888	888	47,425	47,425	호표 10
파벽돌붙임(18mm)	파벽돌(백색줄눈)	M2	1	38,857	38,857	35,474	35,474	991	991	75,322	75,322	호표 11
1-5. 바닥공사												
타일압착붙임(바탕 24mm+압 5mm)	바닥, 400*400(일반C, 백색줄눈)	M2	1	14,804	14,804	32,073	32,073	639	639	47,516	47,516	호표 12
1-6. 내부금속공사												
사인보드(벽)	50*50 설치비,페인트 포함	m	1	3,182	3,182	13,916	13,916	9	9	17,107	17,107	호표 13
칸막이	50*100 설치비,페인트 포함	m	1	5,608	5,608	24,624	24,624	14	14	30,246	30,246	호표 14
원형 환기휀		EA	1	14,031	14,031	67,703	67,703			81,734	81,734	호표 15
1-7. 유리공사												
벽체로고	5mm, 컬러유리, 설치 포함	m2	1	8,398	8,398	13,211	13,211			21,609	21,609	호표 16
사인보드(벽)	5mm, 투명유리, 설치 포함	m2	1	8,398	8,398	13,211	13,211			21,609	21,609	호표 17
화장실앞 칸막이	5mm, 투명유리, 설치 포함	m2	1	8,398	8,398	13,211	13,211			21,609	21,609	호표 18
1-8. 기본내부사인												
벽체로고	인테리어필름, 단색	m2	1	29,500	29,500					29,500	29,500	호표 19
칸막이로고	인테리어필름, 단색	m2	1	29,500	29,500					29,500	29,500	호표 20
사인보드(벽)	인테리어필름, 단색	m2	1	29,500	29,500					29,500	29,500	호표 21
화장실앞칸막이	인테리어필름, 단색	m2	1	29,500	29,500					29,500	29,500	호표 22
사인물 부착	보통인부	인	1			102,628	102,628			102,628	102,628	노임 1
1-9. 공사폐물처리												
건설폐기물처리	수집, 운반 포함	톤	1					45,714	45,714	45,714	45,714	호표 23
1-10. 흡연부스												
석고판 나사 고정	천장, 2겹 붙임	M2	1	99,880	99,880	67,734	67,734			167,614	167,614	호표 5

- 31 -

5. 항목별 일위대가표

품 명	규 격	단위	수량	재 료 비 단가	재 료 비 금액	노 무 비 단가	노 무 비 금액	경 비 단가	경 비 금액	합 계 단가	합 계 금액	비 고
목재틀 설치	30*30, @300	M2	1			7,532	7,532			7,532	7,532	호표 6
석고판 나사 고정	벽, 2겹 붙임	M2	1	871	871	22,916	22,916	639	639	24,426	24,426	호표 7
타일압착붙임(바탕 24mm+압 5mm)	바닥, 400*400(일반C, 백색줄눈)	M2	1	3,322	3,322	35,474	35,474	991	991	39,787	39,787	호표 12
1-11. 카운터공사												
카운터	W2.0*D0.9*H1.2	EA	1	396,980	396,980	51,314	51,314			448,294	448,294	호표 24
주방가구	W2.5*D0.6*H0.9	EA	1	608,739	608,739	133,002	133,002			741,741	741,741	호표 25
수납장-1(냉장고)	W1.2*D0.65*H2.0	EA	1	152,727	152,727	66,501	66,501			219,228	219,228	호표 26
수납장-2(음수대)	W0.5*D0.65*H1.2	EA	1	214,931	214,931	66,501	66,501			281,432	281,432	호표 27
수납장-3(진열장)	W1.0*D0.2*H1.2	EA	1	100,968	100,968	66,501	66,501			167,469	167,469	호표 28
카운터 상판	인조대리석	m2	1	43,586	43,586	63,610	63,610			107,196	107,196	호표 29
주방가구 상판	인조대리석	m2	1	43,586	43,586	63,610	63,610			107,196	107,196	호표 30
주방가구 싱크볼	600*400	EA	1	48,008	48,008	26,936	26,936			74,944	74,944	호표 31
1-12. 랜공사												
PC연결공사	CAT6네트워크공사,60대기준	식	1	3,000,000	3,000,000					3,000,000	3,000,000	자재 35
1-13. 특수지역경비												
책상 운반비		식	1	2,500,000	2,500,000					2,500,000	2,500,000	자재 36
1-14. 스마트책상, 일반책상												
PC용 책상		식	1	4,800,000	4,800,000					4,800,000	4,800,000	자재 36
2-1. 철거공사												
기존PC방시설 철거		식	1	2,500,000	2,500,000					2,500,000	2,500,000	자재 36
2-2. 순간온수기												
해당없음		식	-									
2-3. 도시가스공사												
해당없음		식	-									
2-4. 소방완비공사												
해당없음		식	-									
2-5. 소방전기공사												
해당없음		식	-									
2-6. 소방전실사다리공사												
해당없음		식	-									
2-7. 외부덕트연장공사												
해당없음		식	-									

5. 항목별 일위대가표

품 명	규 격	단위	수량	재료비 단가	재료비 금액	노무비 단가	노무비 금액	경비 단가	경비 금액	합계 단가	합계 금액	비고
2-8. 외부 LED 간판/돌출												
해당없음		식	-									
2-9. 내부스프링쿨러 신설												
해당없음		식	-									
2-10. 승압공사/외부간선공사												
해당없음		식	-									
2-11. 냉·난방기공사												
해당없음		식	-									
2-12. 화장실												
남.녀 화장실	타일, 위생도기능 철거후 재시공	식	1	4,000,000	4,000,000					4,000,000	4,000,000	자재 36
2-13. 복도도장												
지하1층-1층 계단실 벽,천장	무늬코트	식	1	600,000	600,000					600,000	600,000	자재 36

6. 세부 일위대가목록

품 명	규 격	단위	재료비	노무비	경 비	합 계	번 호	비 고
내부전기배선 및 조명기구연결		식	345,886	1,152,956	-	1,498,842	호표 1	
LED 등기구 설치	다운라이트, 15W	EA	40,863	28,769	-	69,632	호표 2	
형광등 설치(십자등)	30W 이하 * 2(십자등)	EA	31,052	35,080	-	66,132	호표 3	
형광등 설치-매입/반매입	20W 이하	EA	46,191	39,720	-	85,911	호표 4	
석고판 나사 고정	천장, 2겹 붙임	M2	3,843	12,309	94	16,246	호표 5	
목재틀 설치	30*30, @300	M2	1,190	12,971		14,161	호표 6	
석고판 나사 고정	벽, 2겹 붙임	M2	3,843	9,469	94	13,406	호표 7	
도배 - 합판·석고보드면	천장, 종이벽지	M2	1,877	5,480	-	7,357	호표 8	
도배 - 합판·석고보드면	벽, 종이벽지	M2	1,877	4,215	-	6,092	호표 9	
타일떠붙임(18mm)	벽, 논슬립 400*400(백색줄눈)	M2	14,858	31,679	888	47,425	호표 10	
파벽돌붙임(18mm)	파벽돌(백색줄눈)	M2	38,857	35,474	991	75,322	호표 11	
타일압착붙임(바탕 24mm+압 5mm)	바닥, 400*400(일반C, 백색줄눈)	M2	14,804	32,073	639	47,516	호표 12	
사인보드(벽)	50*50 설치비,페인트 포함	m	3,182	13,916	9	17,107	호표 13	
칸막이	50*100 설치비,페인트 포함	m	5,608	24,624	14	30,246	호표 14	
원형 환기휀		EA	14,031	67,703	-	81,734	호표 15	
벽체로고	5mm, 컬러유리, 설치 포함	m2	8,398	13,211	-	21,609	호표 16	
사인보드(벽)	5mm, 투명유리, 설치 포함	m2	8,398	13,211	-	21,609	호표 17	
화장실앞 칸막이	5mm, 투명유리, 설치 포함	m2	8,398	13,211	-	21,609	호표 18	
벽체로고	인테리어필름, 단색	m2	29,500	-	-	29,500	호표 19	
칸막이로고	인테리어필름, 단색	m2	29,500	-	-	29,500	호표 20	
사인보드(벽)	인테리어필름, 단색	m2	29,500	-	-	29,500	호표 21	
화장실앞칸막이	인테리어필름, 단색	m2	29,500	-	-	29,500	호표 22	
건설폐기물처리	수집, 운반 포함	톤	-	-	45,714	45,714	호표 23	
카운터	W2.0*D0.9*H1.2	EA	396,980	51,314	-	448,294	호표 24	
주방가구	W2.5*D0.6*H0.9	EA	608,739	133,002	-	741,741	호표 25	
수납장-1(냉장고)	W1.2*D0.65*H2.0	EA	152,727	66,501	-	219,228	호표 26	
수납장-2(음수대)	W0.5*D0.65*H1.2	EA	214,931	66,501	-	281,432	호표 27	
수납장-3(진열장)	W1.0*D0.2*H1.2	EA	100,968	66,501	-	167,469	호표 28	
카운터 상판	인조대리석	m2	43,586	63,610	-	107,196	호표 29	
주방가구 상판	인조대리석	m2	43,586	63,610	-	107,196	호표 30	
주방가구 싱크볼	600*400	EA	48,008	26,936	-	74,944	호표 31	
목재틀 설치	시공비	M2	28	12,971	-	12,999	호표 32	
도배 - 합판·석고보드면	재료비, 종이벽지	M2	1,877	-	-	1,877	호표 33	
도배 - 합판·석고보드면	노무비, 천장	M2	-	5,480	-	5,480	호표 34	
도배 - 합판·석고보드면	노무비, 벽	M2	-	4,215	-	4,215	호표 35	
타일붙임(18mm) 시공비	벽, 0.11~0.20이하, 백색줄눈	M2	3,322	31,679	888	35,889	호표 36	
모르타르 배합(배합품 제외)	배합용적비 1:3, 시멘트, 모래 별도	M3	99,880	-	-	99,880	호표 37	
줄눈 모르타르(배합품 제외)	배합비 1:1(백시멘트), 모래 별도	M3	265,035	-	-	265,035	호표 38	
타일붙임(18mm) 시공비	벽, 0.04~0.10이하, 백색줄눈	M2	3,322	35,474	991	39,787	호표 39	

- 34 -

6. 세부 일위대가목록

품 명	규 격	단위	재료비	노무비	경 비	합 계	번 호	비 고
모르타르 배합(배합품 포함)	배합용적비 1:3, 시멘트, 모래 별도	M3	99,880	67,734	-	167,614	호표 40	
바탕고르기	바닥, 24mm 이하 기준	M2	-	7,532	-	7,532	호표 41	
바닥, 압착바름 5mm 시공비	0.11~0.20이하, 일반C, 백색줄눈	M2	871	22,916	639	24,426	호표 42	
모르타르 배합	소운반, 모래채가름, 배합 포함	M3	-	67,734	-	67,734	호표 43	
모르타르 배합(배합품 제외)	배합용적비 1:2, 시멘트, 모래 별도	M3	121,250	-	-	121,250	호표 44	
잡철물제작설치(철재)	간단	kg	231	4,893	4	5,128	호표 45	
녹막이페인트(붓칠)	철재면, 2회, 1종	M2	1,602	4,867	-	6,469	호표 46	
유성페인트(붓칠)	철재면, 2회. 1급	M2	902	6,490	-	7,392	호표 47	
잡철물제작(철재)	간단	kg	189	3,893	3	4,085	호표 48	
잡철물설치(철재)	간단	kg	42	1,000	1	1,043	호표 49	
녹막이페인트(붓칠) - 재료비	철재면, 2회, 1종	M2	1,602	-	-	1,602	호표 50	
녹막이페인트(붓칠) - 노무비	철재면, 2회 칠	M2	-	4,867	-	4,867	호표 51	
유성페인트(붓칠) - 재료비	철재면, 2회 칠, 1급	M2	902	-	-	902	호표 52	
유성페인트(붓칠) - 노무비	철재면, 2회 칠	M2	-	6,490	-	6,490	호표 53	
용접기(교류)	500Amp	HR	-	-	124	124	호표 54	
컬러유리설치	5mm, 컬러유리	m2	8,398	13,211	-	21,609	호표 55	
유리끼우기 - 판유리	5mm 이하	M2	-	13,211	-	13,211	호표 56	
유리주위코킹	5*5, 실리콘	M	279	-	-	279	호표 57	
건설폐기물 -중간처리	건설(건축)폐자재	TON	-	-	32,054	32,054	호표 58	
건설폐기물상차 · 운반비-혼합	16톤암롤트럭, 20km이하 - 16년 2분기 삭제	TON	-	-	13,660	13,660	호표 59	
인조대리석붙임	20mm	M2	43,586	63,610	-	107,196	호표 60	
모르타르비빔 - 돌붙임(바닥)	배합용적비 1:3, 시멘트, 모래 별도	M3	99,880	67,734	-	167,614	호표 61	
대리석/테라조판붙임(습식)	바닥, 자재별도(시공비)	M2	-	61,578	-	61,578	호표 62	

7. 세부 일위대가표

품 명	규 격	단위	수량	재료비 단가	재료비 금액	노무비 단가	노무비 금액	경비 단가	경비 금액	합계 단가	합계 금액	비고
내부전기배선 및 조명기구연결 식 (호표 1)												
내선전공	일반공사 직종	인	4	-	-	185,611	742,444	-	-	185,611	742,444	노임 17
보통인부	일반공사 직종	인	4	-	-	102,628	410,512	-	-	102,628	410,512	노임 1
잡재료	인력품의 30%	식	1	345,887	345,887	-	-	-	-	345,887	345,887	
[합 계]					345,886		1,152,956		-		1,498,842	
LED 등기구 설치 다운라이트, 15W 등 (호표 2)												
LED다운라이트	15W	EA	1	40,000	40,000	-	-	-	-	40,000	40,000	자재 30
내선전공	일반공사 직종	인	0.155	-	-	185,611	28,770	-	-	185,611	28,770	노임 17
공구손료	인력품의 3%	식	1	863	863	-	-	-	-	863	863	
[합 계]					40,863		28,769		-		69,632	
형광등 설치(십자등) 30W 이하 • 2(십자등) 등 (호표 3)												
십자등		EA	1	30,000	30,000	-	-	-	-	30,000	30,000	자재 31
내선전공	일반공사 직종	인	0.189	-	-	185,611	35,080	-	-	185,611	35,080	노임 17
공구손료	인력품의 3%	식	1	1,052	1,052	-	-	-	-	1,052	1,052	
[합 계]					31,052		35,080		-		66,132	
형광등 설치-매입/반매입 20W 이하 등 (호표 4)												
슬림형광등		EA	1	45,000	45,000	-	-	-	-	45,000	45,000	자재 32
내선전공	일반공사 직종	인	0.214	-	-	185,611	39,721	-	-	185,611	39,721	노임 17
공구손료	인력품의 3%	식	1	1,192	1,192	-	-	-	-	1,192	1,192	
[합 계]					46,191		39,720		-		85,911	
석고판 나사 고정 천장, 2겹 붙임 M2 (호표 5)												
석고보드	석고보드, 평보드, 9.5*900*1800mm(㎡)	M2	2.1	1,830	3,843	-	-	-	-	1,830	3,843	자재 13
내장공	일반공사 직종	인	0.046	-	-	154,536	7,109	-	-	154,536	7,109	노임 10
보통인부	일반공사 직종	인	0.023	-	-	102,628	2,360	-	-	102,628	2,360	노임 1
노임할증	인력품의 30%	식	1	-	-	2,841	2,841	-	-	2,841	2,841	
공구손료	인력품의 1%	식	1	-	-	-	-	95	95	95	95	
[합 계]					3,843		12,309		94		16,246	
목재틀 설치 30*30, @300 M2 (호표 6)												
각재	각재, 외송	M3	0.0032	369,000	1,162	-	-	-	-	369,000	1,162	자재 7
목재틀 설치	시공비	M2	1	28	28	12,971	12,971	-	-	12,999	12,999	호표 32
[합 계]					1,190		12,971		-		14,161	
석고판 나사 고정 벽, 2겹 붙임 M2 (호표 7)												
석고보드	석고보드, 평보드, 9.5*900*1800mm(㎡)	M2	2.1	1,830	3,843	-	-	-	-	1,830	3,843	자재 13
내장공	일반공사 직종	인	0.046	-	-	154,536	7,109	-	-	154,536	7,109	노임 10
보통인부	일반공사 직종	인	0.023	-	-	102,628	2,360	-	-	102,628	2,360	노임 1
공구손료	인력품의 1%	식	1	-	-	-	-	95	95	95	95	
[합 계]					3,843		9,469		94		13,406	
도배 - 합판·석고보드면 천장, 종이벽지 M2 (호표 8)												
도배 - 합판·석고보드면	재료비, 종이벽지	M2	1	1,877	1,877	-	-	-	-	1,877	1,877	호표 33
도배 - 합판·석고보드면	노무비, 천장	M2	1	-	-	5,480	5,480	-	-	5,480	5,480	호표 34
[합 계]					1,877		5,480		-		7,357	
도배 - 합판·석고보드면 벽, 종이벽지 M2 (호표 9)												
도배 - 합판·석고보드면	재료비, 종이벽지	M2	1	1,877	1,877	-	-	-	-	1,877	1,877	호표 33
도배 - 합판·석고보드면	노무비, 벽	M2	1	-	-	4,215	4,215	-	-	4,215	4,215	호표 35
[합 계]					1,877		4,215		-		6,092	

- 36 -

7. 세부 일위대가표

품 명	규 격	단위	수량	재료비 단가	재료비 금액	노무비 단가	노무비 금액	경비 단가	경비 금액	합계 단가	합계 금액	비고
타일떠붙임(18mm) 벽, 논슬립 400*400(백색줄눈) M2 (호표 10)												
타일떠붙임(18mm) 시공비	벽, 0.11~0.20이하, 백색줄눈	M2	1	3,322	3,322	31,679	31,679	888	888	35,889	35,889	호표 36
논슬립타일	400*400	m2	1.03	11,200	11,536	-	-	-	-	11,200	11,536	자재 10
[합　계]					14,858		31,679		888		47,425	
파벽돌붙임(18mm) 파벽돌(백색줄눈) M2 (호표 11)												
타일떠붙임(18mm) 시공비	벽, 0.04~0.10이하, 백색줄눈	M2	1	3,322	3,322	35,474	35,474	991	991	39,787	39,787	호표 39
파벽돌	200*60*15	m2	1.03	34,500	35,535	-	-	-	-	34,500	35,535	자재 27
[합　계]					38,857		35,474		991		75,322	
타일압착붙임(바탕 24mm+압 5mm) 바닥, 400*400(일반C, 백색줄눈) M2 (호표 12)												
모르타르 배합(배합품 포함)	배합용적비 1:3, 시멘트, 모래 별도	M3	0.024	99,880	2,397	67,734	1,626	-	-	167,614	4,023	호표 40
바탕고르기	바닥, 24mm 이하 기준	M2	1	-	-	7,532	7,532	-	-	7,532	7,532	호표 41
바닥, 압착바름 5mm 시공비	0.11~0.20이하, 일반C, 백색줄눈	M2	1	871	871	22,916	22,916	639	639	24,426	24,426	호표 42
논슬립타일	400*400	m2	1.03	11,200	11,536	-	-	-	-	11,200	11,536	자재 10
[합　계]					14,804		32,073		639		47,516	
사인보드(벽) 50*50 설치비,페인트 포함 m (호표 13)												
일반구조용각형강관	일반구조용각형강관, 각형강관, 50*50*1.6mm	M	1.05	2,030	2,132	-	-	-	-	2,030	2,132	자재 22
잡철물제작설치(철제)	간단	kg	2.38	231	550	4,893	11,645	4	10	5,128	12,205	호표 45
녹막이페인트(붓칠)	철재면, 2회, 1종	M2	0.2	1,602	320	4,867	973	-	-	6,469	1,294	호표 46
유성페인트(붓칠)	철재면, 2회, 1급	M2	0.2	902	180	6,490	1,298	-	-	7,392	1,478	호표 47
[합　계]					3,182		13,916		9		17,107	
칸막이 50*100 설치비,페인트 포함 m (호표 14)												
일반구조용각형강관	일반구조용각형강관, 각형강관, 100*50*1.6mm	M	1.05	3,110	3,266	-	-	-	-	3,110	3,266	자재 23
잡철물제작설치(철제)	간단	kg	3.64	231	841	4,893	17,811	4	15	5,128	18,666	호표 45
녹막이페인트(붓칠)	철재면, 2회, 1종	M2	0.6	1,602	961	4,867	2,920	-	-	6,469	3,881	호표 46
유성페인트(붓칠)	철재면, 2회, 1급	M2	0.6	902	541	6,490	3,894	-	-	7,392	4,435	호표 47
[합　계]					5,608		24,624		14		30,246	
원형 환기펜 EA (호표 15)												
원형환기펜		EA	1	12,000	12,000	-	-	-	-	12,000	12,000	자재 28
기계설비공	일반공사 직종	인	0.5	-	-	135,407	67,704	-	-	135,407	67,704	노임 16
공구손료	인력품의 3%	식	1	2,031	2,031	-	-	-	-	2,031	2,031	
[합　계]					14,031		67,703		-		81,734	
벽체로고 5mm , 컬러유리, 설치 포함 m2 (호표 16)												
컬러유리설치	5mm,컬러유리	m2	1	8,398	8,398	13,211	13,211	-	-	21,609	21,609	호표 55
[합　계]					8,398		13,211				21,609	
사인보드(벽) 5mm , 투명유리 설치 포함 m2 (호표 17)												
컬러유리설치	5mm,컬러유리	m2	1	8,398	8,398	13,211	13,211	-	-	21,609	21,609	호표 55
[합　계]					8,398		13,211				21,609	
화장실앞 칸막이 5mm , 투명유리, 설치 포함 m2 (호표 18)												
컬러유리설치	5mm,컬러유리	m2	1	8,398	8,398	13,211	13,211	-	-	21,609	21,609	호표 55
[합　계]					8,398		13,211				21,609	
벽체로고 인테리어필름, 단색 m2 (호표 19)												
인테리어필름	단색,방염,시공도	m2	1	29,500	29,500	-	-	-	-	29,500	29,500	자재 29
[합　계]					29,500		-		-		29,500	

7. 세부 일위대가표

품 명	규 격	단위	수량	재 료 비 단가	재 료 비 금액	노 무 비 단가	노 무 비 금액	경 비 단가	경 비 금액	합 계 단가	합 계 금액	비 고
칸막이로고 인테리어필름, 단색 m2 (호표 20)												
인테리어필름	단색,방염,시공도	m2	1	29,500	29,500	-	-	-	-	29,500	29,500	자재 29
[합　　계]					29,500		-		-		29,500	
사인보드(벽) 인테리어필름, 단색 m2 (호표 21)												
인테리어필름	단색,방염,시공도	m2	1	29,500	29,500	-	-	-	-	29,500	29,500	자재 29
[합　　계]					29,500		-		-		29,500	
화장실앞칸막이 인테리어필름, 단색 m2 (호표 22)												
인테리어필름	단색,방염,시공도	m2	1	29,500	29,500	-	-	-	-	29,500	29,500	자재 29
[합　　계]					29,500		-		-		29,500	
건설폐기물처리 수집, 운반 포함 톤 (호표 23)												
건설폐기물 -중간처리	건설(건축)폐자재	TON	1	-	-	-	-	32,054	32,054	32,054	32,054	호표 58
건설폐기물상차·운반비-혼합	15톤암롤트럭, 30km이하	TON	1	-	-	-	-	13,660	13,660	13,660	13,660	호표 59
[합　　계]					-		-		45,714		45,714	
카운터 W2.0*D0.9*H1.2 EA (호표 24)												
카운터	W2.0*D0.9*H1.2	EA	1	390,310	390,310	-	-	-	-	390,310	390,310	자재 33
보통인부	일반공사 직종	인	0.5	-	-	102,628	51,314	-	-	102,628	51,314	노임 1
공구손료	인력품의 3%	식	1	1,539	1,539	-	-	-	-	1,539	1,539	
잡재료	인력품의 10%	식	1	5,131	5,131	-	-	-	-	5,131	5,131	
[합　　계]					396,980		51,314		-		448,294	
주방가구 W2.5*D0.6*H0.9 EA (호표 25)												
중밀도섬유판	중밀도섬유판, 30t*1220*2440mm	M2	8.2	13,128	107,650	-	-	-	-	13,128	107,650	자재 3
인테리어필름	단색,방염,시공도	m2	16.4	29,500	483,800	-	-	-	-	29,500	483,800	자재 29
건축목공	일반공사 직종	인	0.5	-	-	163,377	81,689	-	-	163,377	81,689	노임 5
보통인부	일반공사 직종	인	0.5	-	-	102,628	51,314	-	-	102,628	51,314	노임 1
잡재료	인력품의 10%	식	1	13,300	13,300	-	-	-	-	13,300	13,300	
공구손료	인력품의 3%	식	1	3,990	3,990	-	-	-	-	3,990	3,990	
[합　　계]					608,739		133,002		-		741,741	
수납장-1(냉장고) W1.2*D0.65*H2.0 EA (호표 26)												
중밀도섬유판	중밀도섬유판, 30t*1220*2440mm	M2	3.38	13,128	44,373	-	-	-	-	13,128	44,373	자재 3
인테리어필름	단색,방염,시공도	m2	3.38	29,500	99,710	-	-	-	-	29,500	99,710	자재 29
건축목공	일반공사 직종	인	0.25	-	-	163,377	40,844	-	-	163,377	40,844	노임 5
보통인부	일반공사 직종	인	0.25	-	-	102,628	25,657	-	-	102,628	25,657	노임 1
잡재료	인력품의 10%	식	1	6,650	6,650	-	-	-	-	6,650	6,650	
공구손료	인력품의 3%	식	1	1,995	1,995	-	-	-	-	1,995	1,995	
[합　　계]					152,727		66,501		-		219,228	
수납장-2(음수대) W0.5*D0.65*H1.2 EA (호표 27)												
중밀도섬유판	중밀도섬유판, 30t*1220*2440mm	M2	2.86	13,128	37,546	-	-	-	-	13,128	37,546	자재 3
인테리어필름	단색,방염,시공도	m2	5.72	29,500	168,740	-	-	-	-	29,500	168,740	자재 29
건축목공	일반공사 직종	인	0.25	-	-	163,377	40,844	-	-	163,377	40,844	노임 5
보통인부	일반공사 직종	인	0.25	-	-	102,628	25,657	-	-	102,628	25,657	노임 1
잡재료	인력품의 10%	식	1	6,650	6,650	-	-	-	-	6,650	6,650	
공구손료	인력품의 3%	식	1	1,995	1,995	-	-	-	-	1,995	1,995	
[합　　계]					214,931		66,501		-		281,432	
수납장-3(진열장) W1.0*D0.2*H1.2 EA (호표 28)												

- 38 -

7. 세부 일위대가표

품 명	규 격	단위	수량	재료비 단가	재료비 금액	노무비 단가	노무비 금액	경비 단가	경비 금액	합계 단가	합계 금액	비고
중밀도섬유판	중밀도섬유판, 30*1220*2440mm	M2	1.28	13,128	16,804	–	–	–	–	13,128	16,804	자재 3
인테리어필름	단색,방염,시공도	m2	2.56	29,500	75,520	–	–	–	–	29,500	75,520	자재 29
건축목공	일반공사 직종	인	0.25	–	–	163,377	40,844	–	–	163,377	40,844	노임 5
보통인부	일반공사 직종	인	0.25	–	–	102,628	25,657	–	–	102,628	25,657	노임 1
잡재료	인력품의 10%	식	1	6,650	6,650	–	–	–	–	6,650	6,650	·
공구손료	인력품의 3%	식	1	1,995	1,995	–	–	–	–	1,995	1,995	
[합 계]					100,968		66,501				167,469	

카운터 상판 인조대리석 m2 (호표 29)

품 명	규 격	단위	수량	재료비 단가	재료비 금액	노무비 단가	노무비 금액	경비 단가	경비 금액	합계 단가	합계 금액	비고
인조대리석붙임	20mm	M2	1	43,586	43,586	63,610	63,610	–	–	107,196	107,196	호표 60
[합 계]					43,586		63,610		–		107,196	

주방가구 상판 인조대리석 m2 (호표 30)

품 명	규 격	단위	수량	재료비 단가	재료비 금액	노무비 단가	노무비 금액	경비 단가	경비 금액	합계 단가	합계 금액	비고
인조대리석붙임	20mm	M2	1	43,586	43,586	63,610	63,610	–	–	107,196	107,196	호표 60
[합 계]					43,586		63,610		–		107,196	

주방가구 싱크볼 600*400 EA (호표 31)

품 명	규 격	단위	수량	재료비 단가	재료비 금액	노무비 단가	노무비 금액	경비 단가	경비 금액	합계 단가	합계 금액	비고
싱크볼	600*400	EA	1	47,200	47,200	–	–	–	–	47,200	47,200	자재 34
배관공	일반공사 직종	인	0.1	–	–	137,910	13,791	–	–	137,910	13,791	노임 14
위생공	일반공사 직종	인	0.1	–	–	131,450	13,145	–	–	131,450	13,145	노임 15
공구손료	인력품의 3%	식	1	808	808	–	–	–	–	808	808	
[합 계]					48,008		26,936		–		74,944	

목재틀 설치 시공비 M2 (호표 32)

품 명	규 격	단위	수량	재료비 단가	재료비 금액	노무비 단가	노무비 금액	경비 단가	경비 금액	합계 단가	합계 금액	비고
일반못	일반못, 75mm	kg	0.03	935	28	–	–	–	–	935	28	자재 16
건축목공	일반공사 직종	인	0.075	–	–	163,377	12,253	–	–	163,377	12,253	노임 5
보통인부	일반공사 직종	인	0.007	–	–	102,628	718	–	–	102,628	718	노임 1
[합 계]					28		12,971		–		12,999	

도배 - 합판·석고보드면 재료비, 종이벽지 M2 (호표 33)

품 명	규 격	단위	수량	재료비 단가	재료비 금액	노무비 단가	노무비 금액	경비 단가	경비 금액	합계 단가	합계 금액	비고
종이벽지	종이벽지, 초배지	M2	0.8	141	113	–	–	–	–	141	113	자재 12
종이벽지	종이벽지, 종이벽지	M2	1.2	1,150	1,380	–	–	–	–	1,150	1,380	자재 11
초산비닐계접착제	초산비닐계접착제, 벽지용	kg	0.3	1,283	385	–	–	–	–	1,283	385	자재 17
[합 계]					1,877						1,877	

도배 - 합판·석고보드면 노무비, 천장 M2 (호표 34)

품 명	규 격	단위	수량	재료비 단가	재료비 금액	노무비 단가	노무비 금액	경비 단가	경비 금액	합계 단가	합계 금액	비고
도배공	일반공사 직종	인	0.027	–	–	133,325	3,600	–	–	133,325	3,600	노임 11
보통인부	일반공사 직종	인	0.006	–	–	102,628	616	–	–	102,628	616	노임 1
노임할증	인력품의 30%	식	1	–	–	1,265	1,265	–	–	1,265	1,265	
[합 계]					–		5,480		–		5,480	

도배 - 합판·석고보드면 노무비, 벽 M2 (호표 35)

품 명	규 격	단위	수량	재료비 단가	재료비 금액	노무비 단가	노무비 금액	경비 단가	경비 금액	합계 단가	합계 금액	비고
도배공	일반공사 직종	인	0.027	–	–	133,325	3,600	–	–	133,325	3,600	노임 11
보통인부	일반공사 직종	인	0.006	–	–	102,628	616	–	–	102,628	616	노임 1
[합 계]					–		4,215		–		4,215	

타일떠붙임(18mm) 시공비 벽, 0.11~0.20이하, 백색줄눈 M2 (호표 36)

품 명	규 격	단위	수량	재료비 단가	재료비 금액	노무비 단가	노무비 금액	경비 단가	경비 금액	합계 단가	합계 금액	비고
모르타르 배합(배합품 제외)	배합용적비 1:3, 시멘트, 모래 별도	M3	0.02	99,880	1,998	–	–	–	–	99,880	1,998	호표 37
줄눈 모르타르(배합품 제외)	배합비 1:1(백시멘트), 모래 별도	M3	0.005	265,035	1,325	–	–	–	–	265,035	1,325	호표 38
타일공	일반공사 직종	인	0.138	–	–	159,509	22,012	–	–	159,509	22,012	노임 8
보통인부	일반공사 직종	인	0.074	–	–	102,628	7,594	–	–	102,628	7,594	노임 1
공구손료	인력품의 3%	식	1	–	–	–	–	888	888	888	888	
줄눈공	일반공사 직종	인	0.017	–	–	121,906	2,072	–	–	121,906	2,072	노임 13

7. 세부 일위대가표

품 명	규 격	단위	수량	재료비 단가	재료비 금액	노무비 단가	노무비 금액	경비 단가	경비 금액	합계 단가	합계 금액	비고
[합 계]					3,322		31,679		888		35,889	
모르타르 배합(배합품 제외) 배합용적비 1:3, 시멘트, 모래 별도 M3 (호표 37)												
시멘트	시멘트, 제주, 분공장도	kg	510	143	72,930	–	–	–	–	143	72,930	자재 8
모래	모래, 제주, 도착도	M3	1.1	24,500	26,950	–	–	–	–	24,500	26,950	자재 2
[합 계]					99,880		–		–		99,880	
줄눈 모르타르(배합품 제외) 배합비 1:1(백시멘트), 모래 별도 M3 (호표 38)												
특수시멘트	특수시멘트, 백색시멘트	kg	1093	225	245,925	–	–	–	–	225	245,925	자재 9
모래	모래, 제주, 도착도	M3	0.78	24,500	19,110	–	–	–	–	24,500	19,110	자재 2
[합 계]					265,035		–		–		265,035	
타일퍼붙임(18mm) 시공비 벽, 0.04~0.10이하, 백색줄눈 M2 (호표 39)												
모르타르 배합(배합품 제외)	배합용적비 1:3, 시멘트, 모래 별도	M3	0.02	99,880	1,998	–	–	–	–	99,880	1,998	호표 37
줄눈 모르타르(배합품 제외)	배합비 1:1(백시멘트), 모래 별도	M3	0.005	265,035	1,325	–	–	–	–	265,035	1,325	호표 38
타일공	일반공사 직종	인	0.155	–	–	159,509	24,724	–	–	159,509	24,724	노임 8
보통인부	일반공사 직종	인	0.081	–	–	102,628	8,313	–	–	102,628	8,313	노임 1
공구손료	인력품의 3%	식	1	–	–	–	–	991	991	991	991	
줄눈공	일반공사 직종	인	0.02	–	–	121,906	2,438	–	–	121,906	2,438	노임 13
[합 계]					3,322		35,474		991		39,787	
모르타르 배합(배합품 포함) 배합용적비 1:3, 시멘트, 모래 별도 M3 (호표 40)												
시멘트	시멘트, 제주, 분공장도	kg	510	143	72,930	–	–	–	–	143	72,930	자재 8
모래	모래, 제주, 도착도	M3	1.1	24,500	26,950	–	–	–	–	24,500	26,950	자재 2
모르타르 배합	소운반, 모래채가름, 배합 포함	M3	1	–	–	67,734	67,734	–	–	67,734	67,734	호표 43
[합 계]					99,880		67,734				167,614	
바탕고르기 바닥, 24mm 이하 기준 M2 (호표 41)												
미장공	일반공사 직종	인	0.035	–	–	162,424	5,685	–	–	162,424	5,685	노임 7
보통인부	일반공사 직종	인	0.018	–	–	102,628	1,847	–	–	102,628	1,847	노임 1
[합 계]							7,532				7,532	
바닥, 압착바름 5mm 시공비 0.11~0.20이하, 일반C, 백색줄눈 M2 (호표 42)												
모르타르 배합(배합품 제외)	배합용적비 1:2, 시멘트, 모래 별도	M3	0.005	121,250	606	–	–	–	–	121,250	606	호표 44
줄눈 모르타르(배합품 제외)	배합비 1:1(백시멘트), 모래 별도	M3	0.001	265,035	265	–	–	–	–	265,035	265	호표 38
타일공	일반공사 직종	인	0.108	–	–	159,509	17,227	–	–	159,509	17,227	노임 8
보통인부	일반공사 직종	인	0.04	–	–	102,628	4,105	–	–	102,628	4,105	노임 1
공구손료	인력품의 3%	식	1	–	–	–	–	640	640	640	640	
줄눈공	일반공사 직종	인	0.013	–	–	121,906	1,585	–	–	121,906	1,585	노임 13
[합 계]					871		22,916		639		24,426	
모르타르 배합 소운반, 모래채가름, 배합 포함 M3 (호표 43)												
보통인부	일반공사 직종	인	0.66	–	–	102,628	67,734	–	–	102,628	67,734	노임 1
[합 계]							67,734				67,734	
모르타르 배합(배합품 제외) 배합용적비 1:2, 시멘트, 모래 별도 M3 (호표 44)												
시멘트	시멘트, 제주, 분공장도	kg	680	143	97,240	–	–	–	–	143	97,240	자재 8
모래	모래, 제주, 도착도	M3	0.98	24,500	24,010	–	–	–	–	24,500	24,010	자재 2
[합 계]					121,250		–		–		121,250	
잡철물제작설치(철재) 간단 kg (호표 45)												
잡철물제작(철재)	간단	kg	1	189	189	3,893	3,893	3	3	4,085	4,085	호표 48
잡철물설치(철재)	간단	kg	1	42	42	1,000	1,000	1	1	1,043	1,043	호표 49

- 40 -

7. 세부 일위대가표

품 명	규 격	단위	수량	재료비 단가	재료비 금액	노무비 단가	노무비 금액	경비 단가	경비 금액	합계 단가	합계 금액	비고
[합 계]					231		4,893		4		5,128	
녹막이페인트(붓칠) 철재면, 2회, 1종 M2 (호표 46)												
녹막이페인트(붓칠) - 재료비	철재면, 2회, 1종	M2	1	1,602	1,602	–	–	–	–	1,602	1,602	호표 50
녹막이페인트(붓칠) - 노무비	철재면, 2회 칠	M2	1	–	–	4,867	4,867	–	–	4,867	4,867	호표 51
[합 계]					1,602		4,867				6,469	
유성페인트(붓칠) 철재면, 2회, 1급 M2 (호표 47)												
유성페인트(붓칠) - 재료비	철재면, 2회 칠, 1급	M2	1	902	902	–	–	–	–	902	902	호표 52
유성페인트(붓칠) - 노무비	철재면, 2회 칠	M2	1	–	–	6,490	6,490	–	–	6,490	6,490	호표 53
[합 계]					902		6,490		–		7,392	
잡철물제작(철재) 간단 kg (호표 48)												
용접봉(연강용)	3.2(KSE4301)	kg	0.0157	2,380	37	–	–	–	–	2,380	37	자재 6
산소가스	기체	L	5.355	2	11	–	–	–	–	2	11	자재 4
아세틸렌가스	아세틸렌가스, kg	kg	0.0024	10,450	25	–	–	–	–	10,450	25	자재 5
용접기(교류)	500Amp	HR	0.0177	–	–	–	–	124	2	124	2	호표 54
공통자재	일반경비, 전력	kwh	0.0107	–	–	–	–	87	1	87	1	자재 37
철공	일반공사 직종	인	0.0218	–	–	156,492	3,412	–	–	156,492	3,412	노임 3
보통인부	일반공사 직종	인	0.0006	–	–	102,628	57	–	–	102,628	57	노임 1
용접공	일반공사 직종	인	0.0022	–	–	157,183	347	–	–	157,183	347	노임 4
특별인부	일반공사 직종	인	0.0006	–	–	123,074	78	–	–	123,074	78	노임 2
공구손료	인력품의 3%	식	1	117	117	–	–	–	–	117	117	
[합 계]					189		3,893		3		4,085	
잡철물설치(철재) 간단 kg (호표 49)												
용접봉(연강용)	3.2(KSE4301)	kg	0.0028	2,380	7	–	–	–	–	2,380	7	자재 6
산소가스	기체	L	0.945	2	2	–	–	–	–	2	2	자재 4
아세틸렌가스	아세틸렌가스, kg	kg	0.0004	10,450	4	–	–	–	–	10,450	4	자재 5
용접기(교류)	500Amp	HR	0.0031	–	–	–	–	124	0	124	0	호표 54
공통자재	일반경비, 전력	kwh	0.0189	–	–	–	–	87	2	87	2	자재 37
철공	일반공사 직종	인	0.0059	–	–	156,492	915	–	–	156,492	915	노임 3
보통인부	일반공사 직종	인	0.0001	–	–	102,628	10	–	–	102,628	10	노임 1
용접공	일반공사 직종	인	0.0004	–	–	157,183	61	–	–	157,183	61	노임 4
특별인부	일반공사 직종	인	0.0001	–	–	123,074	14	–	–	123,074	14	노임 2
공구손료	인력품의 3%	식	1	30	30	–	–	–	–	30	30	
[합 계]					42		1,000		1		1,043	
녹막이페인트(붓칠) - 재료비 철재면, 2회, 1종 M2 (호표 50)												
방청페인트	방청페인트, KSM6030-1종 1급, 광명단페인트	L	0.161	9,492	1,528	–	–	–	–	9,492	1,528	자재 18
시너	시너, KSM6060, 1종	L	0.008	3,483	28	–	–	–	–	3,483	28	자재 21
잡재료	주재료비의 3%	식	1	47	47	–	–	–	–	47	47	
[합 계]					1,602						1,602	
녹막이페인트(붓칠) - 노무비 철재면, 2회 칠 M2 (호표 51)												
도장공	일반공사 직종	인	0.015	–	–	141,733	2,126	–	–	141,733	2,126	노임 9
보통인부	일반공사 직종	인	0.003	–	–	102,628	308	–	–	102,628	308	노임 1
도장공	일반공사 직종	인	0.015	–	–	141,733	2,126	–	–	141,733	2,126	노임 9
보통인부	일반공사 직종	인	0.003	–	–	102,628	308	–	–	102,628	308	노임 1
[합 계]					–		4,867		–		4,867	
유성페인트(붓칠) - 재료비 철재면, 2회 칠, 1급 M2 (호표 52)												
조합페인트	조합페인트, KSM6020-1종 1급, 백색	L	0.166	5,060	840	–	–	–	–	5,060	840	자재 19

- 41 -

7. 세부 일위대가표

품 명	규 격	단위	수량	재료비 단가	재료비 금액	노무비 단가	노무비 금액	경비 단가	경비 금액	합계 단가	합계 금액	비 고
시너	시너, KSM6060, 1종	L	0.008	3,483	28	-	-	-	-	3,483	28	자재 21
잡재료	주재료비의 4%	식	1	35	35	-	-	-	-	35	35	
[합 계]					902	-	-	-	-		902	
유성페인트(붓칠) - 노무비 철재면, 2회 칠 M2 (호표 53)												
도장공	일반공사 직종	인	0.02	-	-	141,733	2,835	-	-	141,733	2,835	노임 9
보통인부	일반공사 직종	인	0.004	-	-	102,628	411	-	-	102,628	411	노임 1
도장공	일반공사 직종	인	0.02	-	-	141,733	2,835	-	-	141,733	2,835	노임 9
보통인부	일반공사 직종	인	0.004	-	-	102,628	411	-	-	102,628	411	노임 1
[합 계]					-		6,490		-		6,490	
용접기(교류) 500Amp HR (호표 54)												
용접기(교류)	500Amp	대	0.2294	-	-	-	-	544	125	544	125	자재 1
[합 계]					-		-		124		124	
컬러유리설치 5mm,컬러유리 m2 (호표 55)												
칼라유리	칼라유리, 5mm	M2	1.01	7,210	7,282	-	-	-	-	7,210	7,282	자재 15
유리끼우기 - 판유리	5mm 이하	M2	1	-	-	13,211	13,211	-	-	13,211	13,211	호표 56
유리주위코킹	5*5, 실리콘	M	4	279	1,116	-	-	-	-	279	1,116	호표 57
[합 계]					8,398		13,211		-		21,609	
유리끼우기 - 판유리 5mm 이하 M2 (호표 56)												
유리공	일반공사 직종	인	0.092	-	-	143,608	13,212	-	-	143,608	13,212	노임 6
[합 계]					-		13,211		-		13,211	
유리주위코킹 5*5, 실리콘 M (호표 57)												
실링재	실링재, 실리콘, 비초산, 유리용 착호주위	L	0.03	9,310	279	-	-	-	-	9,310	279	자재 20
[합 계]					279		-		-		279	
건설폐기물 -중간처리 건설(건축)폐자재 TON (호표 58)												
건설폐기물 -중간처리	건설(건축)폐자재	TON	1	-	-	-	-	32,054	32,054	32,054	32,054	자재 24
[합 계]					-		-		32,054		32,054	
건설폐기물상차 · 운반비-혼합 16톤암롤트럭, 20km이하 - 16년 2분기 삭제 TON (호표 59)												
건설폐기물상차비 - 혼합	15톤암롤트럭(20m3)	TON	1	-	-	-	-	1,820	1,820	1,820	1,820	자재 25
건설폐기물운반비 - 혼합	15톤암롤트럭 - 30km이하	TON	1	-	-	-	-	11,840	11,840	11,840	11,840	자재 26
[합 계]					-		-		13,660		13,660	
인조대리석붙임 20mm M2 (호표 60)												
인조대리석	인조대리석, 400*400*20mm, 클로톤, GP/MJ/SK/MA	M2	1.1	36,900	40,590	-	-	-	-	36,900	40,590	자재 14
모르타르비빔 - 돌붙임(바닥)	배합용적비 1:3, 시멘트, 모래 별도	M3	0.03	99,880	2,996	67,734	2,032	-	-	167,614	5,028	호표 61
대리석/테라조판붙임(습식)	바닥, 자재별도(시공비)	M2	1	-	-	61,578	61,578	-	-	61,578	61,578	호표 62
[합 계]					43,586		63,610		-		107,196	
모르타르비빔 - 돌붙임(바닥) 배합용적비 1:3, 시멘트, 모래 별도 M3 (호표 61)												
시멘트	시멘트, 제주, 분공장도	kg	510	143	72,930	-	-	-	-	143	72,930	자재 8
모래	모래, 제주, 도착도	M3	1.1	24,500	26,950	-	-	-	-	24,500	26,950	자재 2
모르타르 배합	소운반, 모래체가름, 배합 포함	M3	1	-	-	67,734	67,734	-	-	67,734	67,734	호표 43
[합 계]					99,880		67,734		-		167,614	
대리석/테라조판붙임(습식) 바닥, 자재별도(시공비) M2 (호표 62)												
석공	일반공사 직종	인	0.29	-	-	162,796	47,211	-	-	162,796	47,211	노임 12
보통인부	일반공사 직종	인	0.14	-	-	102,628	14,368	-	-	102,628	14,368	노임 1

- 42 -

7. 세부 일위대가표

품 명	규 격	단위	수량	재 료 비		노 무 비		경 비		합 계		비 고
				단 가	금 액	단 가	금 액	단 가	금 액	단 가	금 액	
[합 계]					–		61,578		–		61,578	

8. 단가대비표

품명	규격	단위	재료비											노무비	경비						번호	비고
			가격정보	PAGE	거래가격	PAGE	유통물가	PAGE	물가자료	PAGE	조사가격	PAGE	적용단가		가격정보	거래가격	유통물가	물가자료	조사가격	적용단가		
용접기(교류)	500A(p)	대	-	-	-	-	-	-	24,500	104	-	-	24,500	-	-	-	-	-	544	544	자재 1	견적
모래	모, 제주, 도적토	M3	13,128	-	15,654	622	14,714	410	13,128				13,128	-							자재 2	
중량도성유판	중량도성유판, 30+1220×244.0mm	M2	2	-		1435	2	1238					2	-							자재 3	37가공인장소
산소가스	기체	L												-							자재 4	
아세칠렌가스	아세칠렌가스, kg	kg	10,450		13,200	1435	11,000	1238					10,450	-							자재 5	
용접봉(연강용)	3.2(KS E4301)	kg	2,380		2,380	1310	2,380	1190					2,380	-							자재 6	
각재	육재, 외송	M3	369,000		407,186	121	369,222	73					369,000	-							자재 7	
시멘트	시멘트, 제주, 보통경도	kg	143		143	93	143						143	-							자재 8	
특수시멘트	특수시멘트, 백색시멘트	kg	225		243	93	225	62					225	-							자재 9	
논슬립타일	400×400	m2							11,200	501			11,200	-							자재 10	
종이벽지	종이벽지, 종이벽지	M2	141		1,152	640	152	512	1,150	712			1,150	-							자재 11	
종이벽지	종이벽지, 種벽지	M2	1,830		272	640	2,037	409					141	-							자재 12	
석고보드		M2			2,284	624							1,830	-							자재 13	
인조대리석		M2	36,900				41,000	371					36,900	-							자재 14	
칼라유리	5mm	M2	7,210		8,130	615	9,010	466					7,210	-							자재 15	
일반못	75mm	kg	935		1,151	74							935	-							자재 16	
초산비닐계폴리칙제	초산비닐계폴리칙제, 벽지용	kg	1,283		2,000	640							1,283	-							자재 17	
엠페인트		L	9,492		17,656	572	17,683	473					9,492	-							자재 18	
조합페인트		L	5,060		7,989	572	8,306	473					5,060	-							자재 19	
실링재		L	9,310		9,909	561	10,645	384					9,310	-							자재 20	
시나	시나, KSM6060, 1등	L	3,483		3,483	572							3,483	-							자재 21	
일반구조용경강관		M	2,030						2,260	64			2,030	-							자재 22	
일반구조용경강관		M	3,110						3,460	64			3,110	-							자재 23	
건설폐기물 -중간처리	건설(건축)폐자재	TON												-					32,054	32,054	자재 24	
건설폐기물실처리 -혼합 15톤압롤트럭(20m3)		TON												-					1,820	1,820	자재 25	
건설폐기물운반비 -혼합 15톤압롤트럭 -30km이하		TON												-					11,840	11,840	자재 26	
피복동	200×60×15	m2					34,500	붙임					34,500	-							자재 27	
인테리어기벽		EA									12,000		12,000	-							자재 28	
인테리어벽등	단색, 병영, 시공도	m2									29,500	695	29,500	-							자재 29	
LED다운라이트	15W	EA									40,000	1225	40,000	-							자재 30	
실지등		EA							30,000		30,000		30,000	-							자재 31	
슬림형광등		EA									45,000	1222	45,000	-							자재 32	
커운티	M2.0400.9+H11.2	EA									390,310	390,310	390,310	-							자재 33	
폭트리	600×400	EA									47,200	47,200	47,200	-							자재 34	

- 44 -

8. 단가대비표

품명	규격	단위	재료비								노무비	경비							번호	비고
			가격정보	PAGE	거래가격	PAGE	유통물가	PAGE	물가자료	PAGE	조사가격	PAGE	적용단가		가격정보	거래가격	유통물가	물가자료	조사가격	적용단가		
PC건설공사	평균치·GATE(브릭크공사)·G/IG기준	식	-	-	-	-	-	-	-	-	3,000,000		3,000,000	-	-	-	-	-	-	-	지재 35	
벨도공사			-	-	-	-	-	-	-	-	-	-	-	-	-	-	-	-	-	-	지재 36	
경통자재	일반경비, 전력	kWh	-	-	-	-	-	-	-	-	-	-	-	-	-	-	-	-	87	87	지재 37	
목재문	940*2040*36, 시공비포함	EA					120,000	603					120,000	-	-	-	-	-	-	-	지재 38	
보통인부	일반공사 직종	인	-		-		-		-		-		-	102,628	-	-	-	-	-	-	노임 1	
특별인부	일반공사 직종	인	-		-		-		-		-		-	123,074	-	-	-	-	-	-	노임 2	
제도공	일반공사 직종	인	-		-		-		-		-		-	156,482	-	-	-	-	-	-	노임 3	
용접공	일반공사 직종	인	-		-		-		-		-		-	157,183	-	-	-	-	-	-	노임 4	
건축목공	일반공사 직종	인	-		-		-		-		-		-	163,377	-	-	-	-	-	-	노임 5	
유리공	일반공사 직종	인	-		-		-		-		-		-	143,608	-	-	-	-	-	-	노임 6	
미장공	일반공사 직종	인	-		-		-		-		-		-	162,424	-	-	-	-	-	-	노임 7	
타일공	일반공사 직종	인	-		-		-		-		-		-	159,509	-	-	-	-	-	-	노임 8	
도장공	일반공사 직종	인	-		-		-		-		-		-	141,733	-	-	-	-	-	-	노임 9	
내장공	일반공사 직종	인	-		-		-		-		-		-	154,536	-	-	-	-	-	-	노임 10	
도배공	일반공사 직종	인	-		-		-		-		-		-	133,325	-	-	-	-	-	-	노임 11	
석공	일반공사 직종	인	-		-		-		-		-		-	162,796	-	-	-	-	-	-	용역 12	
견출공	일반공사 직종	인	-		-		-		-		-		-	121,906	-	-	-	-	-	-	용역 13	
배관공	일반공사 직종	인	-		-		-		-		-		-	137,910	-	-	-	-	-	-	용역 14	
위생공	일반공사 직종	인	-		-		-		-		-		-	131,450	-	-	-	-	-	-	용역 15	
기계설비공	일반공사 직종	인	-		-		-		-		-		-	135,407	-	-	-	-	-	-	용역 16	
내선전공	일반공사 직종	인	-		-		-		-		-		-	185,611	-	-	-	-	-	-	용역 17	

9. 수량산출서

품 명	규 격	단위	산출수량	기시공부분에 소요된 수량 산출서식	산출수량	미시공부분에 소요된 수량 산출서식	비고
1	기본공사						
1-1. 내부전기배선공사							
내부전기배선 및 조명기구 연결		식	0.75	1	0.25	0	
1-2. 조명기구공사							
다운LIGHT	LED	EA	27.00	PC방27	-	0	
형광등	+자형	EA	1.00	카운터1	1.00	주방1	
매립등	LINE - TYPE	EA	-	0	21.00	간막이12+내부사인9	
1-3. 목공사							
천정	석고보드2PL	m2	175.50	11.7*15	-	0	
벽체	목틀위 석고보드2PL	m2	146.70	((11.7+15)*2-4.5)*H3.0	-	0	
목문설치		EA	-	0	2.00	흡연실1+사무실1	
1-4. 도장공사 (변경시공)							
천정	합지벽지	m2	175.50	11.7*15	-	0	
벽체	합지벽지	m2	93.60	벽((11.7+15)*2-4.5)+H1.5+간막이(1.0+4+2+4+1.5)+H1.5	-	0	
벽체	400*400 논슬립타일	m2	74.88	벽((11.7+15)*2-4.5)+H1.2+간막이(1.0+4+2+4+1.5)+H1.2	-	0	
벽체	벽돌타일	m2	4.05	벽1.5*2.7	-	0	
1-5. 바닥공사							
바닥타일	400*400 논슬립타일	m2	189.00	PC방(11.7*15+4.5*3)	-	0	
1-6. 내부금속공사							
사인보드(벽)	ㅁ-50*50	m	29.60	(5.5+7.8+1.5)*2	-	0	
간막이	ㅁ-50*100	m	46.20	가로(6*5EA)+세로(2.7*6EA)	-	0	
금기핀	원형	EA	16.00	16	-	0	

- 46 -

9. 수량산출서

품명	규격	단위	산출수량	산출서식	산출수량	산출서식	비고
1-7. 유리공사							
벽체로고	5mm, 컬러유리, 설치 포함	㎡	3.76	9.4*0.4	-	0	
사인보드(벽)	5mm, 투명유리, 설치 포함	㎡	19.95	(5.5+7.8)*H1.5	-	0	
화장실앞 칸막이	5mm, 투명유리, 설치 포함	㎡	8.10	6*2.7*0.5	8.10	6*2.7*0.5	
1-8. 기본내부사인							
벽체로고	시트지	㎡	3.76	9.4*0.4	-	0	
칸막이로고	시트지	㎡	20.25	칸막이(1.0*4*2*4+1.5)*H1.5	-	0	
사인보드(벽)	시트지	㎡	-	0	19.95	(5.5+7.8)*H1.5	
화장실앞 칸막이	시트지	㎡	-	0	16.20	6*2.7	
사인물 부착	보통인부	인	2	2	2.00	2	
1-9. 공사폐물처리							
철정	300*600 박스	TON	-	0	1.54	11.7*15*0.008758	
1-10. 흡인부스							
벽체	목틀위 석고보드2PL	㎡	14.40	L2.4*H3.0*2EA	-	0	
바닥타일	400*400 논슬립타일	㎡	17.42	(2.8+1.5)*8.1*0.5	-	0	
1-11. 카운터공사							
카운터	W2.0*D0.9*H1.2	EA	1.00	1	-	0	MDF위 무늬목
주방가구	W2.5*D0.6*H0.9	EA	1.00	1	-	0	MDF위 무늬목
수납장-1(냉장고)	W1.2*D0.65*H2.0	EA	1.00	1	-	0	MDF위 무늬목
수납장-2(음수대)	W0.5*D0.65*H1.2	EA	1.00	1	-	0	MDF위 무늬목
수납장-3(진열장)	W1.0*D0.2*H1.2	EA	2.00	2	-	0	MDF위 무늬목
카운터 상판	인조대리석	㎡	1.80	2.0*0.9	1.00	0.5*2.0	
주방가구 상판	인조대리석	㎡	-	0	1.50	2.5*0.6	
주방가구 싱크볼	600*400	EA	-	0	1.00	1	

9. 수량산출서

품 명	규 격	단위	산출수량	산출 서식	산출수량	산출 서식	비고
1-12. 랜공사							
PC 연결공사	랜선 연결, 60개소 기준	식	-	0	1.00	1	
1-13. 특수지역 경비							
책상운반비		식	-	0	1.00	1	
1-14. 스마트책상, 일반책상							
책상 60EA		식	-	0	1.00	1	
2 별도공사							
2-1. 철거공사							
기존 PC방 철거		식	1.00	1	-	0	
2-2. 순간온수기							
해당없음		식	-	0	-	0	
2-3. 도서기스공사							
해당없음		식	-	0	-	0	
2-4. 소방환비공사							
해당없음		식	-	0	-	0	
2-5. 소방전기공사							
해당없음		식	-	0	-	0	
2-5. 소방전기공사							
해당없음		식	-	0	-	0	
2-5. 소방전기공사							

9. 수량산출서

품 명	규 격	단위	산출수량	산출 서식	산출수량	산출 서식	비고
해당없음		식	-		-	0	
2-6. 소방전실사다리공사							
해당없음		식	-		-	0	
2-7. 외부익트연장공사							
해당없음		식	-		-	0	
2-8. 외부 LED간판/철골							
해당없음		식	-		-	0	
2-9. 내부스프링클러설비 건간설							
해당없음		식	-		-	0	
2-10. 승압공사/외부간선공사							
해당없음		식	-		-	0	
2-11. 냉난방기 공사							
해당없음		식	-		-	0	
2-12. 화장실공사							
화장실 철거 후 재시공		식	-	0	1.00	1	
2-13. 복도도장							
주출입구·공용복도 등	무근콘트	식	1.00	1	-	0	

- 49 -

204   제 5 장 건설감정서 사례

Ⅲ. 현장조사자료

1. 조사현황도

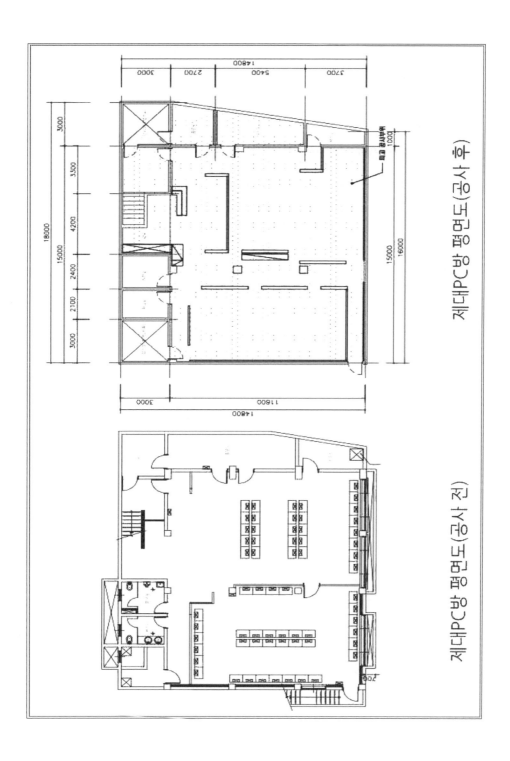

제대PC방 평면도(공사 후)

제대PC방 평면도(공사 전)

2. 현황사진

감정대상물 외부	감정대상물 주출입구-간판시공현황(원고)

복도도장-피고 시공완료 (계단실)	복도도장-피고 시공완료 (흡연실)

복도도장-피고 시공완료 (사무실)	바닥공사-피고 시공완료(흡연실*사무실)

목공사-피고 미시공(흡연실&사무실출입문)	목공사-원고 직접시공(흡연실&사무실출입문)

- 54 -

| 내부전기배선, 조명기구공사-피고시공 | 내부전기배선, 조명기구공사-피고시공 |

| 내부전기배선, 조명기구공사-원고 직접시공 | 조명기구-원고 직접시공(주방상부) |

| 주방싱크 상판 및 싱크볼-원고 직접시공 | 카운터 하부상판-원고 직접시공 |

| 피고 시공현황 (냉장고장 및 음수대장) | 피고시공(진열장) |

Ⅳ. 첨부자료

1. 원고 공사비 직접지급내역

20**가소**** 과지급금반환사건 – 원고 공사비 직접지급내역(원고제출자료 기준)

구분	계약기준		원고 지급내역					비고
	공종	계약금액	일자	항목	관련근거	입금처	금액	
원고지급내역 / 기본공사	내부전기배선공사		-	-	-	-	-	
	조명기구공사		-	-	-	-	-	
	목공공사		2017.04.25	인테리어공사	입출금거래내역■명세서	김종철-탐리D&C	5,265,000	
	도장공사		-	-	-	-	-	
	바닥공사		-	-	-	-	-	
	내부금속공사	52,000,000	2017.03.27	칼라각관	입출금거래내역■거래명세서	강춘식-동신철강	630,000	
	유리공사		2017.04.12	유리 외	입출금거래내역■거래명세서	(주)동양GTS	930,000	
	기본내무사인		-	-	-	-	-	
	공사폐기물처리		-	-	-	-	-	
	흡연부스		-	-	-	-	-	
	카운터공사		2017.04.11	진열장	입출금거래내역■영수증	김영주-애겸퍼니처	2,000,000	
	랜공사		2017.04.25	랜공사비	입출금거래내역■견적서	주식회사윌이엔시	330,000	
	특수지역경비	2,500,000	2017.04.11	운반비	입출금거래내역■영수증	이론선-드림월드믹스프레스	300,000	
	스마트책상, 일반책상	4,800,000	2017.04.09	가구(추정)	입출금거래내역■영수증	정은하	2,000,000	
			2017.04.25	가구(추정)	입출금거래내역■영수증	정은하	2,000,000	
			2017.04.12	가구(추정)	입출금거래내역■영수증	박태희	1,500,000	
	계 (A)	59,300,000					14,955,000	
별도공사	철거공사	2,500,000	-	-	-	-	-	
	순간온수기	-	-	-	-	-	-	
	도시가스공사	-	-	-	-	-	-	
	소방완비공사	-	-	-	-	-	-	
	소방천기공사	-	-	-	-	-	-	
	소방전실사다리공사	-	-	-	-	-	-	
	외부덕트연창공사	-	-	-	-	-	-	
	외부 LED 간판/돌출	-	2017.04.18	간판, 실사출력	입출금거래내역■영수증	유정실-디자인미소	1,550,000	
	내부스프링쿨러신설	-	-	-	-	-	-	
	승압공사/외부간선공사	-	-	-	-	-	-	
	냉·난방기공사	-	-	-	-	-	-	
	화장실	4,000,000	2017.03.24	화장실철거 외	입출금거래내역■전자세금계산서(2건)	김종철-탐리D&C	3,700,000	
			2017.03.26	화장실타일&홀벽체메지공사		김종철-탐리D&C	1,707,000	
			2017.04.25	위생기기	입출금거래내역■청구서	이창훈-태흥건재	1,767,000	
	복도도장	600,000	-	-	-	-	-	
	계 (B)	7,100,000					8,724,000	
기타	계 (C)	-	2017.04.25	의자 및 장비 보관료	입출금거래내역■영수증(4건)	남상근-형제화물이사	1,850,000	
	합계 (A+B+C)	66,400,000					25,529,000	

2. 원고 제출자료

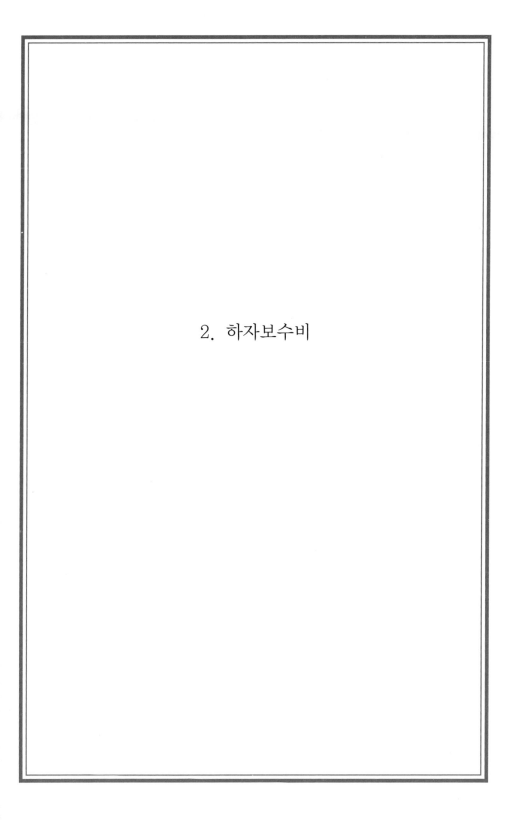

2. 하자보수비

사 건 : 20**가단****공사대금

원 고 : ***

피 고 : ***

감 정 서

**시 **구 **로 **길 **

20**. **. **.

감정인 * * *

지방법원 민사부 귀중

제 출 문

사 건   20** 가단 **** 공사대금

원 고   ***

피 고   ***

이 사건 감정을 수행함에 있어 재판부의 지시사항과 감정신청내용을 근거로 현장을 조사·확인하였습니다. 이에 대한 기술적 검토와 제반자료 분석결과를 보고합니다.

20**. **. **.

감 정 인 : 건축사· 건축시공기술사 * * * (인)

사 무 소 : ***

주   소 : **시 **구 **로 **길

전   화 : *** – **** – **** / 팩   스 : *** – **** – ****

이 메 일 : ******

지방법원 민사부 귀중

감정 수행 경과보고

1. 감정서 제출 목록

구 분	제출도서 및 서류	제출부수	비 고
감정서	감정보고서	3권	-

2. 감정인 업무수행 및 당사자·관계자 접촉 경과표

번호	일 자	장 소	참 가 자	내 용	비고
1	****.**.**	-	-	감정인 지정결정	
2	****.**.**	**지방법원	-	감정기일	
3	****.**.**	-	-	감정관련 자료 제출 공문 발송	
4	****.**.**	감정목적물	원·피고 원·피고 대리인 감정인외 1인	현장조사	
5	****.**.**	감정목적물	원고 대리인측 피고 감정인 외 1인	현장파취조사(1차)	우천으로 작업불가
6	****.**.**	감정목적물	원고, 피고, 피고 대리인 감정조사자 1인	현장파취조사(2차)	
7	****.**.**. ~****.**.**.	-	-	감정서 및 내역서 작성	
8	****.**.**	-	-	감정서 제출	

감 정 요 약 문

사 건 20**가단**** 공사대금

원 고 ***

피 고 ***

1. 감정사항 총괄표

구분	감정결과	감정금액	비고
1. 4개 도크 공사 부분의 하자	-	-	
가. 철근 등이 설치 기준에 미달	설치 기준 확인 불가	-	4,388,320원 철거 후 재시공
나. 일부 도크 안의 중간 부위의 콘크리트 일부가 떨어져 나감	도크 ㄷ-형강 레일 주위 밀실 불량 및 콘크리트 박락	3,725,334원	철거 후 재시공
다. 균열, 누수	도크 벽체 균열 및 누수, 이격	3,132,713원	보수비
2. 약정한 공장 건물 외벽 왼쪽부분의 바닥 콘크리트 높이의 부족	바닥 높이 충족	-	
3. 약정한 우수가 빠져 나갈 수 있는 공사 미시행	계약도면에 준하여 시공	-	
4. 사무실 누수	계약도면에 준하여 시공	-	
5. 약정한 외벽(공장 왼쪽) 설치 공사 누락	계약도면에 준하여 시공	-	3,115,920원 판넬시공 낙찰률 84.5%
6. 약정한 윤활유 업체와의 경계에 벽체 설치 누락	계약도면 대비 경계벽 미시공	4,803,312원	낙찰률 84.5%
계		11,661,359원	

목 차

Ⅰ. 감정보고서

1. 개 요

1.1 감정 개요

이 사건 감정 대상은 **시 **로 **길 ** 지상에 건립된 총 *개동 규모의
*******이다. 이 감정의 목적은 감정목적물에 존재하는 하자 등을 특정하여
그러한 하자 등이 존재하는지, 하자 등 보수 또는 수리에 필요한 비용이 얼
마인지를 밝혀 그에 따른 손해액을 산정하기 위한 것이다. 이를 확인하기 위
해 20**년 **월 **일, **월 **일 현장조사를 실시하였다.

감정 대상 건축물의 전경

전경사진 첨부

1.2 감정 목적물 표시

구 분	내 용	비 고
주 소	**시 **로 **길 **	
용 도	***관련시설	
건 축 규 모	지상 *층	
대 지 면 적	**** ㎡	
연 면 적	**** ㎡	
건 폐 율	**.** %	
용 적 율	**.** %	
사용검사일	20**년 **월 **일	
건물구조형식	****구조	

1.3 감정 목적물 위치

위치도(지도 or 항공사진) 첨부

- 3 -

2. 감정의 목적 및 감정신청사항

2.1 감정의 목적

이 사건 감정의 목적은 정비공장에 존재하는 하자 등을 특정하여 그러한 하자 등이 존재하는지, 하자 등 보수 또는 수리에 필요한 비용이 얼마인지를 확인하는 것이다.

2.2 감정신청사항

구분	감정신청 항목	비고
1	4개 도크 공사 부분의 하자	
	가. 철근 등이 설치기준에 미달	
	나. 일부 도크 안의 중간 부위의 콘크리트 일부가 떨어져 나감.	
	다. 균열, 누수	
2	약정한 공장건물 외벽 왼쪽 부분의 바닥 콘크리트 높이의 부족	
3	약정한 우수가 빠져 나갈 수 있는 공사 미시행	
4	사무실 누수	
5	약정한 외벽(공장 왼쪽) 설치 공사 누락	
6	약정한 윤활유 업체와의 경계에 벽체 설치 누락	

3. 전제사실 및 감정기준

3.1 전제사실

이 사건 감정은 계약도면(20**. **. 작성, 원고제출)을 기준으로 미시공 및 변경시공을 확인하였다. 그리고 피고 감정신청항목 '1-가. 철근 등이 설치기준에 미달'과 관련하여 콘크리트 강도(21Mpa) 확인에 대해서는 현장조사일 (20**. **. **.) 원·피고 합의를 통해 제외하였다. [1]

---

1) 현장조사일 원고는 시공 중 해당부위 철근 미시공(철거)을 인정하였다. 이에 피고 또한 이를 확인하기 위한 콘크리트 강도시험의 불필요성을 인정하여 합의를 통해 콘크리트 강도테스트를 제외하였다.

3.2 감정기준

1) 감정기본자료

번호	제출일자	제출자	제출자료	자료 형태	제출자료 보관			비 고
					감정인 보관	감정서 첨부	반환	
1	****.**.**.	원고	계약서 추가공사 약정서 비용청구서 건축물대장 계약설계도면 변경도면 대수선변경허가서 준비서변 등	문서	●	●	×	E-mail
2	****.**.**.	원고	계약서 견적서 비용청구서 건축물대장 대수선변경허가서 준비서변 등	문서	●	×	×	E-mail
3	****.**.**.	원고	준공도면	문서	●	●	×	E-mail

2) 감정시점

이 사건 감정시점은 소제기시점일인 20**년 **월 **일을 적용하였다.

3) 조사방법

① 시공 상태 및 공사범위는 육안조사를 통해 확인하였다.
② 은폐 또는 매몰된 부위는 제출된 사진과 원·피고 확인 및 파취조사를 통해 확인하였다.

4) 수량산출

① 실측 가능한 부분은 실측하고 실측 불가능한 부위는 도면을 기준으로 수량을 산출하였다.
② 기타 사항은 건축통례를 적용하였다.

- 5 -

5) 공사비 산출

① 하자보수비는 국토해양부 건설표준품셈표에 따라 감정시점인 20**년 **월 정부공인 물가조사기관 단가를 적용하여 산출하였다.

① 계약도면 대비 미 시공 및 변경 시공된 항목에 대해서는 당초 계약서에 첨부된 내역서의 단가를 기준으로 공사비를 산정하여야 하나, 이 건 공사계약서에는 내역서가 포함되어 있지 않다. 그래서 건설공사 표준품셈단가(이하 표준품셈)을 적용하여 공사비를 산출할 수밖에 없다. 그런데 표준품셈단가에 따른 공사비는 시중 공사비보다 높다. 따라서 실제공사비와 차이가 발생할 수 있다. 시공업체간 경재 입찰로 인해 단가가 상이하게 적용되기 때문이다. 그래서 이 건 감정에서는 표준품셈에 따라 산출된 직접공사비에 공공공사 평균낙찰률 84.5% 적용금액을 기준으로 공사비를 산출하였다.

6) 공사원가계산 제비율 적용

이 사건의 공사원가계산은 감정시점인 20**년 **월 조달청 고시 '공사내역 원가계산서'의 제비율을 적용하였다.

구 분	비 목	공사원가계산 제비율	비 고
(1)재료비	직접재료비		
	소 계		
(2)노무비	직접노무비		
	간접노무비	(직노) × 9.7 %	
	소 계		
(3)경 비	산재보험료	(노무비) × 3.9 %	5억 미만 6개월 이하 공사기준
	고용보험료	(노무비) × 0.87 %	
	건강보험료		
	연금보험료		
	노인장기요양보험		
	퇴직공제부금		
	환경보전비	(재료비+직노+기계경비)× 0.3%	
	안전관리비		
	기타 경비	(재료비+노무비) × 4.8 %	
	소 계		
(4)일반관리비		(재료비+직노+경비) × 6.0 %	
(5)이윤		(노무비+경비+일반관리비) × 15.0 %	
(6)부가가치세		10.0 %	

- 6 -

4. 구체적 감정사항

1. 4개 도크 공사 부분의 하자
가. 철근 등이 설치기준에 미달
나. 일부 도크 안의 중간 부위의 콘크리트 일부가 떨어져 나감
다. 균열, 누수

감정의견

[원·피고 주장]

　피고는 도크2) 주변 슬라브 일부구간(도크주변 약 40cm)에 철근이 배근되지 않아 콘크리트 강도가 부족하다고 주장하였으며, 이로 인해 콘크리트가 탈락하고 있으므로 이를 하자로 주장하였다. 그리고 도크 내부에 설치된 레일주변에 콘크리트가 밀실하게 채워지지 않았으며 마감불량(벽면요철)으로 인해 당초 레일에 설치하려했던 장비를 사용하지 못하고 있다고 주장하였다. 아울러 원고가 도크 4개 중 2개소 바닥에 방수공사를 하지 않아 장마철에 바닥과 벽체 균열 등을 통해 누수가 발생하고 있다고 주장하였다.

　반면 원고는 도크 주변 슬라브 일부구간 철근 미시공을 인정하였다. 하지만 당초 설계도면에는 도크와 관련한 철근 배근 및 시공기준이 없으며 공사 중 피고 요청으로 도크를 설치하였다고 주장하였다.

[확인사항]

　현장조사를 통해 정비공장 바닥에 도크 4개소(가로1.1 * 세로14 * 깊이1.36 : 2개소, 가로0.9 * 세로12 * 깊이1.2 : 2개소)가 설치되어 있는 것을 확인하였다. 하지만 계약도면에는 정비공장 바닥에 도크가 계획되어 있지 않다. 그리고 원고를 통해 도크 주변 약 40cm 폭 구간에(사진: 노란색 페인트) 철근이 시공되지 않은 것을 확인하였다.3)

---

2) 선박이나 자동차 등의 수리 또는 건조를 위해 지면보다 낮게 파 놓은 부위.
3) 원고는 정비공장 바닥 슬라브를 철거 후 도크를 시공하는 과정에서 도크주변에는 철근을 설치하지않을 것을 인정하였다.

- 7 -

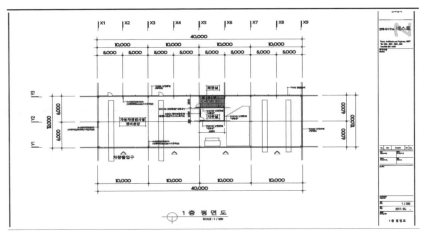

정비도크 설치위치 (준공도면 20**. **.)

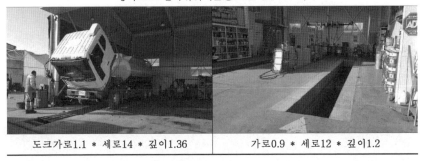

| 도크가로1.1 * 세로14 * 깊이1.36 | 가로0.9 * 세로12 * 깊이1.2 |

그리고 도크 내부에 균열이 발생하고 콘크리트 일부가 탈락된 것과 도크 내부 'ㄷ-형강 레일' 주변 마감불량(벽면요철) 및 레미콘이 밀실하게 채워지지 않은 것을 타격음 등을 통해 확인하였다.

| 도크주변 콘크리트 탈락 | 레일주변 레미콘체움 불량 및 마감불량 |

- 8 -

[감정사항]

가. 철근 등이 설치기준에 미달

　원고는 공사 중 피고 요청에 따라 도크를 설치하기 위해 기 시공된 정비공장 바닥 슬라브 일부를 철거하고 해당 부위에 철근 배근 없이 레미콘만으로 도크 구조체를 시공하였다. 이 과정에서 도크주변 폭 30 ~ 40cm 구간(정비공장 바닥)에 설치된 철근을 제거한 뒤 시공하지 않았다.

　당초 계약도면(20**.**)에는 정비공장 바닥에 도크가 포함되어있지 않다. 그리고 구조도면에도 도크에 대한 사항(철근규격, 배근간격, 콘크리트 강도 등)이 없다. 따라서 도크와 관련하여 철근 등 시공현황이 설치기준에 미달하는지 여부는 확인할 수 없다.

　다만 피고 주장에 따라 도크주변 철근 미시공부위에 당초 바닥 슬라브와 같은 기준으로 철근을 재시공(도크주변 콘크리트 철거 후 철근배근 및 레미콘 타설)하는데 필요한 공사비 산출금액은 다음과 같다.

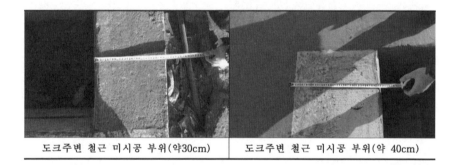

| 도크주변 철근 미시공 부위(약30cm) | 도크주변 철근 미시공 부위(약 40cm) |

감정신청항목	산출금액	비 고
1-가. 철근 등이 설치기준에 미달	4,388,320원	

나. 일부 도크 안의 중간 부위의 콘크리트 일부가 떨어져 나감

도크주변 콘크리트가 탈락된 부위는 도크 상부모서리 주변이다. 도크 내부 유압자키 설치를 목적으로 시공한 'ㄷ-형강 레일' 일부구간에 레미콘이 밀실하게 채워지지 않아 장비이용 시 레일이 변형될 가능성이 있으며, 레일이 설치된 벽면 마감이 고르지 않아 유압자키용 로울러 사용에 제한이 발생할 수 있을 것으로 여겨진다.

이는 시공불량(레미콘 타설 시 다짐불량 및 양생불량, 시공정밀도 불량에 따른 벽면요철 등)이 원인으로 추정되는 기능상·미관상·안정상 하자로 판단된다. 이들 하자에 대해 콘크리트가 탈락된 곳과 레일주변 레미콘 타설 불량부위에 대해서는 무수축 몰탈을 이용하여 보수하고, 벽면요철 부위는 부분 철거 후 미장바름하는 보수비를 산출하였다. 산출된 보수비는 다음과 같다.

| 도크상부 모서리 콘크리트 박락 | 도크상부 모서리 콘크리트 박락 |
| 레일 주위 콘크리트 채움불량 부위 | 레일주변 벽체 마감불량 (벽면 요철) |

감정신청항목	감정금액	비 고
1-나. 일부 도크 안의 중간 부위의 콘크리트 일부가 떨어져 나감	3,725,334원	레일전체 철거 후 재시공

다. 균열, 누수

　도크주변 모서리 및 내부벽체에 발생한 균열은 벽체철근 미시공 및 콘크리트 이어치기부위 청소 불량 등으로 인해 발생한 것으로 추정되는 기능상·미관상·안정상 하자로 판단된다. 그리고 장마철 도크 바닥에 발생되는 누수는 도크바닥 콘크리트 시공불량 및 방수 미시공이 원인으로 추정되는 기능상 하자로 판단된다. 이들 하자에 대해 주입식 균열보수 및 철판보강(도크 모서리 균열부위) 및 도크바닥을 우레탄 방수를 통해 보수하는 비용을 산출하였다. 산출된 보수비는 다음과 같다.

| 도크 상부 균열, 이격 | 도크 내부 벽체 균열 |
| 도크 내부 벽체 균열, 누수 | 도크바닥 누수 (배수펌프 설치현황) |

감정신청항목	감정금액	비 고
1-다. 균열, 누수	3,132,713원	보수비

- 11 -

2. 약정한 공장건물 외벽 왼쪽 부분의 바닥 콘크리트 높이의 부족

감정의견

[원·피고 주장]

피고는 원고가 공장건물 서측 외부바닥에 13mm 철근을 배근하여 두께 20cm 콘크리트를 타설키로 하였으나 13 ~14cm로 시공되었다고 주장하였다. 반면 원고는 계약(도면 및 공사비)에는 해당 부위 콘크리트 타설이 포함되어 있지 않으며 피고가 흙만 안보이게 마감해 줄 것을 요청하여 추가로 콘크리트를 타설하였다고 주장하였다.

[확인사항]

피고 주장부위에는 콘크리트가 시공되어있으며 그 면적은 약369.048㎡(약 112평)이다. 하지만 계약도면에는 해당 부위 콘크리트 타설과 관련한 사항이 포함되어있지 않다. 그리고 해당부위 파취조사(20**. **. **. 원·피고 각 2개소씩 총 4개소)를 통해 확인한 평균두께는 23.5cm로 피고가 주장한 20cm를 초과하였다. 이를 기준할 때 보완공사 및 공사비 차액은 발생하지 않는다. 파취조사위치 및 부위별 확인두께는 다음과 같다.

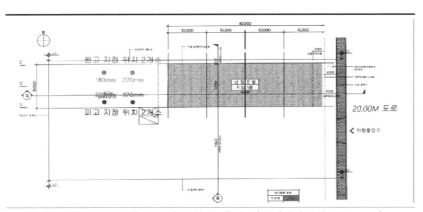

정비공장 외부 바닥 콘크리트 두께 측정 위치 (현장조사 20**.**.**.)

- 12 -

원고-1, 외부 바닥 콘크리트 바닥 두께 T=180mm	원고-2, 외부 바닥 콘크리트 바닥 두께 T=220mm

피고-1, 외부 바닥 콘크리트 바닥 두께 T=220mm	피고-1, 외부 바닥 콘크리트 바닥 두께 T=320mm

부위	원고-1	원고-2	피고-1	피고-2	평균	비고
두께(cm)	18	22	22	32	23.5	

- 13 -

3. 약정한 우수가 빠져 나갈 수 있는 공사 미 시행

[원·피고 주장]

피고는 원고가 정비공장 출입구 우수맨홀에 유입되는 우수에 기름이 섞여 나올 우려가 있으므로 계약도면과 달리 별도의 우수라인(배수로 및 맨홀)을 설치하고 최종 우수맨홀에 연결되는 당초 우수라인 말단부에 유수분리기를 설치키로 하였으나 시공여부를 확인할 수 없다고 주장하였다. 원고는 설계도면 및 준공도면에 준하여 시공하였다고 주장하였다.

[확인사항]

계약도면(20**.**)에는 정비공장 정면에 우수라인(배수로 및 맨홀) 1개가 계획되어 있다. 하지만 현장조사를 통해 준공도면(20**.**)과 같이 우수라인 2개가 설치되어 있는 것과 우수맨홀과 연결되는 부위에 유수분리기가 설치되어 있는 것을 확인하였다. 우수라인 시공현황 및 확인사항은 다음과 같다.

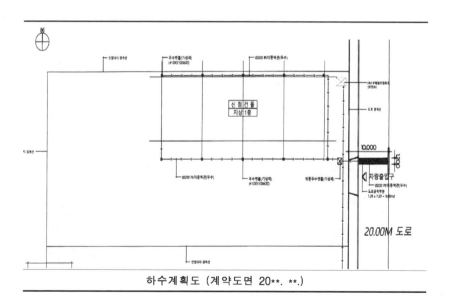

하수계획도 (계약도면 20**. **.)

- 14 -

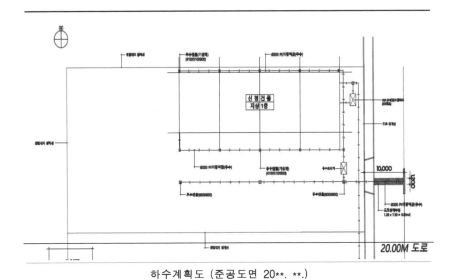

하수계획도 (준공도면 20**. **.)

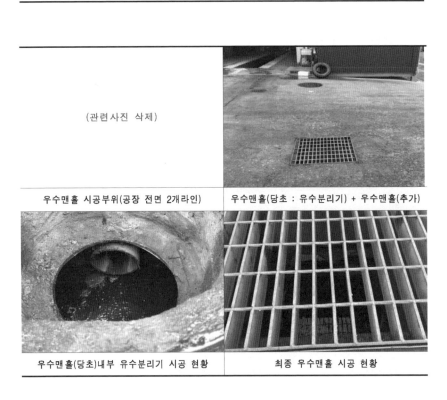

(관련사진 삭제)	
우수맨홀 시공부위(공장 전면 2개라인)	우수맨홀(당초 : 유수분리기) + 우수맨홀(추가)
우수맨홀(당초)내부 유수분리기 시공 현황	최종 우수맨홀 시공 현황

4. 사무실 누수

[원·피고 주장]

피고는 장마철과 공장바닥에 물청소를 할 경우 사무실 바닥 타일줄눈 사이로 물이 스며든다고 주장하였다.

원고는 계약도면(20**.**.)에 사무실 바닥 방수에 대한 명기가 없고, 도면에 준하여 시공하였다고 주장하였다.

[확인사항]

계약도면(20**.**) 재료마감표의 사무실 바닥마감은 'THK27시멘트모르터위 THK3무석면타일'이 명기되어 있다. 현장조사를 통해 사무실 바닥에 'THK3 무석면 타일'이 시공된 것을 확인하였다.

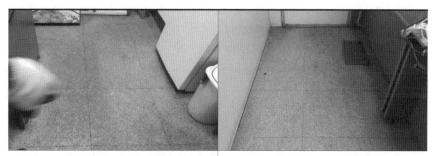

사무실 바닥 시공 현황	사무실 바닥 시공 현황

[감정사항]

현장조사일(1차 : 20**.**.**. / 2차 : 20**.**.**.) 에는 사무실 바닥타일 줄눈부위로 물기가 올라오는 것은 확인되지 않았다. 아울러 사무실 바닥 누수를 확인할 수 있는 자료가 없다. 이에 해당 항목을 하자에서 제외하였다.

- 16 -

5. 약정한 외벽(공장 왼쪽) 설치 공사 누락

감정의견

[원·피고 주장]

피고는 원고를 통해 해당 건물과 연결하여 서측에 공장을 증축하기로 계획하여 시공 당시 추후 공사 편의를 위해 연결부위 벽체를 시공하지 않았다고 하였다. 하지만 증축이 무산되어 원고가 해당부위 벽체 시공해 주기로 구두로 약속하였다고 주장하였다. 반면 원고는 계약도면(20**.**.)에 서측 외벽은 설치하지 않는 것으로 되어 있으며 이를 기준으로 시공하였다고 주장하였다.

[확인사항]

현장조사를 통해 정비공장 서측벽체 일부구간에 외벽마감재인 'THK 150 난연판넬(벽체용)'이 설치되지 않은 것과 해당 부위에 천막이 설치되어 있는 것을 확인하였다. 그리고 계약도면(20**.**.)에는 서측 외벽(도면명기-좌측면)에 벽체를 시공하지 않는 것으로 명기되어 있는 것을 확인하였다.

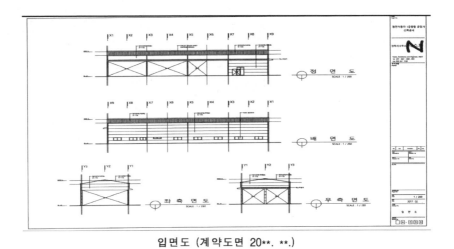

입면도 (계약도면 20**. **.)

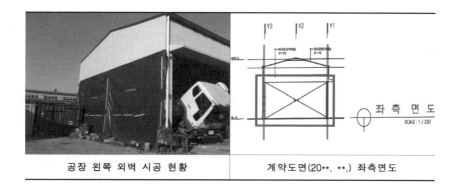

공장 왼쪽 외벽 시공 현황	계약도면(20**. **.) 좌측면도

[감정사항]

해당 부위는 당초 계약도면과 동일하게 시공된 것으로 여겨진다.

다만 피고가 주장하는 바와 같이 해당 부위를 'THK 50 난연판넬'로 마감할 경우 예상되는 공사비 산출금액은 다음과 같다.

감정신청항목	산출금액	비 고
5. 약정한 외벽(공장왼쪽)설치공사 누락	3,115,920원	낙찰률 적용 84.5%

- 18 -

6. 약정한 윤활유 업체와의 경계에 벽체 설치 누락

감정의견

[원·피고 주장]

피고는 원고가 정비공장 내부에 위치한 윤활유업체와의 경계면에 벽체를 시공해 주기로 구두로 약정하였다고 주장하였다.

[확인사항]

현장조사를 통해 정비공장 내부 윤활유업체와의 경계

면에는 벽체가 설치되어있지 않은 것을 확인하였다. 하지만 계약도면에는 윤활유 업체와의 경계에 THK50 판넬을 시공하도록 명기되어 있다.

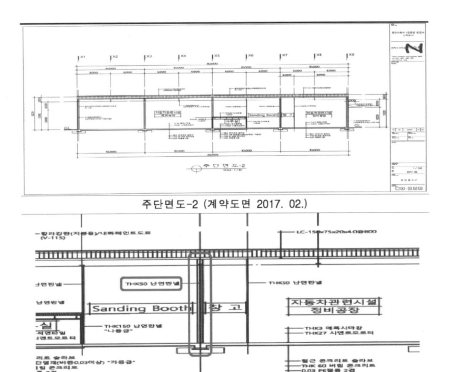

주단면도-2 (계약도면 2017. 02.)

윤활유업체 경계벽 확대 (계약도면 20**.**.)

- 19 -

(관련사진 삭제)	
윤활유 경계 구간 벽체 미시공	윤활유 경계 구간 벽체 미시공

[감정사항]

해당 부위는 당초 계약도면과 비교하여 미시공된 것으로 판단된다. 이에 해당부위 벽체를 시공하는 보수비를 산출하였다.

감정신청항목	감정금액	비 고
6. 약정한 윤활유 업체와의 경계에 벽체 설치 누락	4,803,312원	낙찰률 적용 84.5%

- 20 -

Ⅱ. 감정내역서

1. 감정금액 총괄표

감정금액 총괄표

품 명	감정금액	산출금액	비고
1. 4개 도크 공사 부분의 하자			
1-가. 철근 등이 설치 기준에 미달		4,388,320	철거 후 재시공
1-나. 일부 도크 안의 중간 부위의 콘크리트 일부가 떨어져 나감	3,725,334	-	
1-다. 균열, 누수	3,132,713	-	
2. 약정한 공장건물 외벽 왼쪽 부분의 바닥 콘크리트 높이의 부족	-	-	
3. 약정한 우수가 빠져 나갈 수 있는 공사 미시행	-	-	
4. 사무실 누수	-	-	
5. 약정한 외벽(공장 왼쪽) 설치 공사 누락		3,115,920	낙찰률 84.5% 적용
6. 약정한 윤활유 업체와의 경계에 벽체 설치 누락	4,803,312	-	낙찰률 84.5% 적용
계	11,661,359		

2. 산출근거

품 명	규격	단위	수량	재료비 단가	재료비 금액	노무비 단가	노무비 금액	경비 단가	경비 금액	직접비 소계	간접노무비	산재,고용보험료	연금,퇴직보험료	건강보험료	노인장기요양보험료	기타경비	환경보전비	경비 소계	일반관리비	이윤	간접비 소계	공사비 합계	부가세	공사원가	비고
1. 4항 도크 부분의 하자																									
1-가. 철근 등이 설치 기준에 미달		식	1	1,193,302	1,193,302	966,499	966,499	997,737	997,737	3,157,538	93,750	50,574				108,170	9,473	168,217	205,170	364,706	831,844	3,989,382	398,938	4,388,320	
1-나. 일부 도크 안의 중간 부위의 콘크리트 일부가 떨어져 나감		식	1	986,975	986,975	1,544,413	1,544,413	1,377	1,377	2,532,765	149,808	80,814				128,697	7,598	217,110	173,981	313,003	853,902	3,386,667	338,667	3,725,334	
1-다. 균열, 누수		식	1	1,229,216	1,229,216	992,236	992,236	-	-	2,221,452	96,247	51,921				111,250	6,664	169,835	149,252	211,135	626,469	2,847,921	284,792	3,132,713	
2. 악정한 공장건물 외벽 일부 붕괴 및 바닥 콘크리트 놀이(아래 부족)		식	1	-	-	-	-	-	-																
3. 악정한 우수가 빠져 나갈 수 있는 공사 미시행		식	1	-	-	-	-	-	-																
4. 사무실 누수		식	1	-	-	-	-	-	-																
5. 악정한 외벽(공장 외통) 설치 공사 누락		식	1	771,100	771,100	1,220,116	1,220,116	137,580	137,580	2,128,796	118,351	63,845				101,259	6,386	171,491	145,118	268,898	703,858	2,832,654	283,265	3,115,920	낙찰률 84.5% 적용
6. 악정한 윤활유 인체상의 경개에 벽체 설치 누락		식	1	1,188,680	1,188,680	1,880,867	1,880,867	212,085	212,085	3,281,622	182,443	98,419				156,095	9,845	264,359	223,705	414,517	1,085,025	4,366,647	436,665	4,803,312	낙찰률 84.5% 적용

공종별집계표

품 명	규격	단위	수량	재료비 단가	재료비 금액	노무비 단가	노무비 금액	경비 단가	경비 금액	합계 단가	합계 금액	비고
1. 4개 도크 공사 부분의 하자												
1-가. 철근 등이 설치 기준에 미달		식	1	1,193,302	1,193,302	966,499	966,499	997,737	997,737	3,157,538	3,157,538	
1-나. 일부 도크 안의 중간 부위의 콘크리트 일부가 떨어져 나감		식	1	986,975	986,975	1,544,413	1,544,413	1,377	1,377	2,532,765	2,532,765	
1-다. 균열, 누수		식	1	1,229,216	1,229,216	992,236	992,236			2,221,452	2,221,452	
2. 약정한 공장건물 외벽 왼쪽 부분의 바닥 콘크리트 높이의 부족		식	1									
3. 약정한 우수가 빠져 나갈 수 있는 공사 미시행		식	1									
4. 사무실 누수		식	1									
5. 약정한 외벽(공장 왼쪽) 설치 공사 누락		식	1	771,100	771,100	1,220,116	1,220,116	137,580	137,580	2,128,796	2,128,796	
6. 약정한 윤활유 업체와의 경계에 벽체 설치 누락		식	1	1,188,680	1,188,680	1,880,857	1,880,857	212,085	212,085	3,281,622	3,281,622	

항목별 일위대가표

품 명	규 격	단위	수량	재료비 단가	재료비 금액	노무비 단가	노무비 금액	경비 단가	경비 금액	합계 단가	합계 금액	비고
1-가. 철근 등이 설치 기준에 미달												
콘크리트 철거	장비사용	M3	8.96	3,123	27,980	8,037	72,009	5,552	49,743	16,711	149,732	호표 2
철근 현장가공 및 조립	간단	TON	0.419	675,000	282,825	396,174	165,996			1,071,173	448,821	호표 1
합판거푸집	간단	M2	22.40	9,631	215,741	21,127	473,235			30,757	688,976	호표 3
콘크리트 타설	철근구조물	M3	8.96	74,415	666,758	28,469	255,259	6,903	61,850	109,806	983,865	호표 4
폐기물 처리	폐기물 수집,운반,처리	TON	20.61					43,000	886,144	43,000	886,144	자재 26
[합 계]					1,193,302		966,499		997,737		3,157,538	
1-나. 일부 도크 안의 중간 부위의 콘크리트 일부가 떨어져 나감												
잠철물 설치	간단	TON	0.72	784,745	564,764	1,089,071	783,782	1,914	1,377	1,875,729	1,349,923	호표 5
무수축 모르타르 충전	벽체	M3	1.624	229,300	372,383	239,434	388,840			468,733	761,223	호표 6
콘크리트 표면정리	벽체	M2	16.250	480	7,804	16,010	260,162			16,490	267,966	호표 7
벽체 모르타르 바름	초벌	M2	16.25	2,586	42,024	6,870	111,629			9,455	153,653	호표 8
[합 계]					986,975		1,544,413		1,377		2,532,765	
1-다. 균열, 누수												
건식균열보수	주입식	M	6.70	5,532	37,063	19,077	127,815			24,608	164,878	호표 11
습식균열보수	주입식	M	3.80	10,443	39,684	25,746	97,841			36,191	137,525	호표 12
철판 보강 보수	벽체 앵글 보강	개소	2.00	157,170	314,340	130,723	261,445			287,892	575,785	호표 16
우레탄 방수	바닥, 노출 3mm	M2	30.80	27,212	838,129	16,401	505,135			43,612	1,343,264	호표 13
[합 계]					1,229,216		992,236				2,221,452	
2. 약정한 공장건물 외벽 왼쪽 부분의 바닥 콘크리트 높이의 부족												
해당 없음												
3. 약정한 우수가 빠져 나갈 수 있는 공사 미시행												
해당 없음												
4. 사무실 누수												
해당 없음												
5. 약정한 외벽(공장 왼쪽) 설치 공사 누락												
샌드위치 패널 설치	벽체, 50mm	M2	58.50	13,181	771,100	20,857	1,220,116	2,352	137,580	36,389	2,128,796	호표 15
[합 계]					771,100		1,220,116		137,580		2,128,796	
6. 약정한 윤활유 업체와의 경계에 벽체 설치 누락												
샌드위치 패널 설치	벽체, 50mm	M2	90.18	13,181	1,188,660	20,857	1,880,857	2,352	212,085	36,389	3,281,622	호표 15
[합 계]					1,188,660		1,880,857		212,085		3,281,622	

- 27 -

세부 일위대가목록

품 명	규 격	단위	재료비	노무비	경 비	합 계	번 호	비 고
철근 현장가공 및 조립	간단	TON	675,000	396,174	-	1,071,174	호표 1	
콘크리트 철거	장비사용	M3	3,123	8,037	5,552	16,711	호표 2	
합판거푸집	간단	M2	9,631	21,127	-	30,758	호표 3	
콘크리트 타설	철근구조물	M3	74,415	28,489	6,903	109,807	호표 4	
잡철물 설치	간단	TON	784,745	1,089,071	1,914	1,875,729	호표 5	
우수측 모르타르 충전	벽체	M3	229,300	239,434	-	468,734	호표 6	
콘크리트 표면정리	벽체	M2	480	16,010	-	16,490	호표 7	
벽체 모르타르 바름	초벌	M2	2,586	6,870	-	9,456	호표 8	
모르타르 바름	노무비, 초벌(7mm)	10M2	-	68,696	-	68,696	호표 9	
모르타르 바름	노무비, 초벌(7mm)	M2	-	6,870	-	6,870	호표 10	
건식균열보수	주입식	M	5,532	19,077	-	24,609	호표 11	
습식균열보수	주입식	M	10,443	25,748	-	36,191	호표 12	
우레탄 방수	바닥, 노출 3mm	M2	27,212	16,401	-	43,613	호표 13	
샌드위치 패널 설치	벽체, 50mm	M2	15,599	24,683	2,783	43,065	호표 14	
샌드위치 패널 설치	50mm	M2	13,181	20,857	2,352	36,390	호표 15	낙찰률 84.5% 적용
철판 보강 보수	벽체 앵글 보강	개소	157,170	130,723	-	287,893	호표 16	

세부 일위대가표

품 명	규 격	단위	수량	재 료 비 단가	재 료 비 금액	노 무 비 단가	노 무 비 금액	경 비 단가	경 비 금액	합 계 단가	합 계 금액	비 고
철근 현장가공 및 조립	간단	TON										호표 1
철근공	일반공사 직종	인	1.69	–	–	189,585	320,399	–	–	189,585	320,399	노임 4
보통인부	일반공사 직종	인	0.69	–	–	109,819	75,775	–	–	109,819	75,775	노임 1
철근	HD13mm	TON	1	675,000	675,000		–		–	675,000	675,000	자재 1
[합 계]					675,000		396,174		–		1,071,174	
콘크리트 철거	상비사용	M3										호표 2
보통인부	일반공사 직종	인	0.0212	–	–	109,819	2,328	–	–	109,819	2,328	노임 1
브레이커		HR	0.1694	–	–	–	–	9,497	1,609	9,497	1,609	
굴삭기		HR	0.1694	18,435	3,123	33,700	5,709	20,430	3,461	72,565	12,292	
공구손료	노무비의 6%	식	1	–	–	–	–	482	482	482	482	
[합 계]					3,123		8,037		5,552		16,711	
합판거푸집	간단	M2										호표 3
형틀목공	일반공사 직종	인	0.1	–	–	189,303	18,930	–	–	189,303	18,930	노임 3
보통인부	일반공사 직종	인	0.02	–	–	109,819	2,196	–	–	109,819	2,196	노임 1
합판	12mm	M2	0.3368	10,868	3,660	–	–	–	–	10,868	3,660	자재 30
각재	외송각재, 거푸집 각재용	M2	0.0124	389,220	4,826	–	–	–	–	389,220	4,826	자재 31
소모자재	주자재비의 11%	식	1	934	934	–	–	–	–	934	934	
공구손료	노무비의 1%	식	1	211	211	–	–	–	–	211	211	
[합 계]					9,631		21,127		–		30,758	
콘크리트 타설	철근구조물	M3										호표 4
콘크리트공	일반공사 직종	인	0.090	–	–	176,062	15,846	–	–	176,062	15,846	노임 6
보통인부	일반공사 직종	인	0.020	–	–	109,819	2,196	–	–	109,819	2,196	노임 1
레드믹스콘크리트	25-21-120	M3	1.000	68,700	68,700	–	–	–	–	68,700	68,700	자재 2
굴삭기	0.7㎥	HR	0.31	18,435	5,715	33,700	10,447	20,430	6,333	72,565	22,495	
공구손료	노무비의 2%	식	1	–	–	–	–	570	570	570	570	
[합 계]					74,415		28,489		6,903		109,807	
잠철물 설치	간단	TON										호표 5
용접봉	E4301	kg	2.77	2,980	8,255	–	–	–	–	2,980	8,255	자재 27
산소	O	l	945	2	1,890	–	–	–	–	2	1,890	자재 28
아세틸렌	AC 98%(용접용)	kg	0.4	11,500	4,600	–	–	–	–	11,500	4,600	자재 29
철공	일반공사 직종	인	5.85	–	–	170,500	997,425	–	–	170,500	997,425	노임 15
보통인부	일반공사 직종	인	0.1	–	–	109,819	10,982	–	–	109,819	10,982	노임 1
용접공	일반공사 직종	인	0.39	–	–	169,201	65,988	–	–	169,201	65,988	노임 5
특별인부	일반공사 직종	인	0.11	–	–	133,417	14,676	–	–	133,417	14,676	노임 2
용접기		Hr	3.12	–	–	–	–	133	415	133	415	
전력		kwH	18.9	–	–	–	–	79	1,499	79	1,499	
앵글	ㄷ-형강	TON	1	770,000	770,000	–	–	–	–	770,000	770,000	자재 3
[합 계]					784,745		1,089,071		1,914		1,875,729	
무수축 모르타르 충전	벽체	M3										호표 6
무수축 모르타르	유니온그라우트 EM	kg	510.00	400	204,000	–	–	–	–	400	204,000	자재 4
모래		㎥	1.10	23,000	25,300	–	–	–	–	23,000	25,300	자재 6
미장공	일반공사 직종	인	1.17	–	–	175,547	205,390	–	–	175,547	205,390	노임 10

세부 일위대가표

품 명	규 격	단위	수량	재료비 단가	재료비 금액	노무비 단가	노무비 금액	경비 단가	경비 금액	합계 단가	합계 금액	비고
보통인부	일반공사 직종	인	0.31	-	-	109,819	34,044	-	-	109,819	34,044	노임 1
[합 계]					229,300		239,434		-		468,734	
콘크리트 표면청리	벽체	M2										호표 7
특별인부	일반공사 직종	인	0.12	-	-	133,417	16,010	-	-	133,417	16,010	노임 2
기구손료	노무비의 3%	식	1.00	480	480	-	-	-	-	480	480	노임 1
[합 계]					480		16,010				16,490	
벽체 모르타르 바름	초벌	M2										호표 8
시멘트	KSL 5201	kg	0.51	110	56	-	-	-	-	110	56	자재 5
모래	인천, 도착도, 해사	M3	0.11	23,000	2,530	-	-	-	-	23,000	2,530	자재 6
모르타르 바름	노무비, 초벌(7mm)	M2	1	-	-	6,870	6,870	-	-	6,870	6,870	호표 10
[합 계]					2,586		6,870				9,456	
모르타르 바름	노무비, 초벌(7mm)	10M2										호표 9
미장공	일반공사 직종	인	0.31	-	-	175,547	54,420	-	-	175,547	54,420	노임 10
보통인부	일반공사 직종	인	0.13	-	-	109,819	14,276	-	-	109,819	14,276	노임 1
[합 계]							68,696				68,696	
모르타르 바름	노무비, 초벌(7mm)	M2										호표 10
미장공	일반공사 직종	인	0.031	-	-	175,547	5,442	-	-	175,547	5,442	노임 10
보통인부	일반공사 직종	인	0.013	-	-	109,819	1,428	-	-	109,819	1,428	노임 1
[합 계]							6,870				6,870	
건식균열보수	주입식	M										호표 11
건식균열주입제		kg	0.06	17,000	1,020	-	-	-	-	17,000	1,020	자재 7
건식균열충림제		kg	0.102	9,000	918	-	-	-	-	9,000	918	자재 8
주입기		EA	5	550	2,750	-	-	-	-	550	2,750	자재 9
연마석	4.5T	EA	0.005	7,100	36	-	-	-	-	7,100	36	자재 10
잡재료	주재료비의 5%	식	1	236	236	-	-	-	-	236	236	
연마공		인	0.0018	-	-	135,816	244	-	-	135,816	244	노임 13
특별인부		인	0.1	-	-	133,417	13,342	-	-	133,417	13,342	노임 2
보통인부		인	0.05	-	-	109,819	5,491	-	-	109,819	5,491	노임 1
공구손료	노무비의 3%	식	1	572	572	-	-	-	-	572	572	
[합 계]					5,532		19,077		-		24,609	
습식균열보수	주입식	M										호표 12
습식균열주입제		kg	0.06	23,000	1,380	-	-	-	-	23,000	1,380	자재 11
습식균열충림제		kg	0.153	15,000	2,295	-	-	-	-	15,000	2,295	자재 12
주입기		EA	10	550	5,500	-	-	-	-	550	5,500	자재 9
연마석	4.5T	EA	0.005	7,100	36	-	-	-	-	7,100	36	자재 10
잡재료	주재료비의 5%	식	1	461	461	-	-	-	-	461	461	
연마공		인	0.0018	-	-	135,816	244	-	-	135,816	244	노임 13
특별인부		인	0.15	-	-	133,417	20,013	-	-	133,417	20,013	노임 2
보통인부		인	0.05	-	-	109,819	5,491	-	-	109,819	5,491	노임 1
공구손료	노무비의 3%	식	1	772	772	-	-	-	-	772	772	
[합 계]					10,443		25,748		-		36,191	

세부 일위대가표

품 명	규 격	단위	수량	재 료 비 단가	재 료 비 금액	노 무 비 단가	노 무 비 금액	경 비 단가	경 비 금액	합 계 단가	합 계 금액	비 고
우레탄 방수	바닥, 노출 3mm	M2										호표 13
우레탄		kg	4.3	5,500	23,650	–	–	–	–	5,500	23,650	자재 13
우레탄 프라이머		kg	0.3	4,500	1,350	–	–	–	–	4,500	1,350	자재 14
탑코팅		kg	0.25	6,000	1,500	–	–	–	–	6,000	1,500	자재 15
희석제		kg	0.05	4,400	220	–	–	–	–	4,400	220	자재 16
방수공	일반공사 직종	인	0.075	–	–	130,819	9,811	–	–	130,819	9,811	노임 9
보통인부	일반공사 직종	인	0.06	–	–	109,819	6,589	–	–	109,819	6,589	노임 1
공구손료	노무비의 3%	식	1	492	492	–	–	–	–	492	492	
[합 계]					27,212		16,401		–		43,613	
샌드위치 패널 설치	벽체, 50mm	M2										호표 14
샌드위치 패널	50mm	M2	1	14,400	14,400	–	–	–	–	14,400	14,400	자재 17
크레인(타이어)	20ton	hr	0.049	9,777	479	33,700	1,651	46,728	2,290	90,205	4,420	
잡재료	주재료비의 5%	식	1	720	720	–	–	–	–	720	720	
내장공	일반공사 직종	인	0.124	–	–	165,367	20,506	–	–	165,367	20,506	노임 14
보통인부	일반공사 직종	인	0.023	–	–	109,819	2,526	–	–	109,819	2,526	노임 1
공구손료	노무비의 2%	식	1	–	–	–	–	494	494	494	494	
[합 계]					15,599		24,683		2,783		43,065	
샌드위치 패널 설치	벽체, 50mm(낙찰율 84.5%적용)	M2										호표 15
샌드위치 패널	50mm	M2	1	12,168	12,168	–	–	–	–	12,168	12,168	자재 17
크레인(타이어)	20ton	hr	0.049	8,262	405	28,477	1,395	39,485	1,935	76,223	3,735	
잡재료	주재료비의 5%	식	1	608	608	–	–	–	–	608	608	
내장공	일반공사 직종	인	0.124	–	–	139,735	17,327	–	–	139,735	17,327	노임 14
보통인부	일반공사 직종	인	0.023	–	–	92,797	2,134	–	–	92,797	2,134	노임 1
공구손료	노무비의 2%	식	1	–	–	–	–	417	417	417	417	
[합 계]					13,181		20,857		2,352		36,390	
철판 보강 보수	벽체 엥글 보강	개소										호표 16
철판	4.5mm	kg	35.7	830	29,631	–	–	–	–	830	29,631	자재 18
철판주위 충전	에폭시퍼티	kg	0.62	14,500	8,990	–	–	–	–	14,500	8,990	자재 19
주입제	에폭시그라우팅	kg	6	13,000	78,000	–	–	–	–	13,000	78,000	자재 20
셋트엥커	철, 8mm×70mm	EA	10	1,500	15,000	–	–	–	–	1,500	15,000	자재 21
주입파이프	AL 8mm	EA	10	600	6,000	–	–	–	–	600	6,000	자재 22
철판 방청제		kg	0.3	9,000	2,700	–	–	–	–	9,000	2,700	자재 23
에폭시 엥커접착제		kg	0.25	10,000	2,500	–	–	–	–	10,000	2,500	자재 24
신너	에폭시도료용	l	1.25	3,500	4,375	–	–	–	–	3,500	4,375	자재 25
공구손료	노무비의 2%	식	1	2,614	2,614	–	–	–	–	2,614	2,614	
잡재료	재료비의 5%	식	1	7,360	7,360	–	–	–	–	7,360	7,360	
철공	일반공사 직종	인	0.20	–	–	170,500	34,100	–	–	170,500	34,100	노임 15
도장공	일반공사 직종	인	0.20	–	–	153,890	30,778	–	–	153,890	30,778	노임 11
미장공	일반공사 직종	인	0.29	–	–	175,547	50,156	–	–	175,547	50,156	노임 10
보통인부	일반공사 직종	식	0.14	–	–	109,819	15,686	–	–	109,819	15,686	노임 1
[합 계]					157,170		130,723		–		287,893	

단가대비표

품 명	규 격	단위	물가정보	PAGE	거래가격	PAGE	물가자료	PAGE	조사가격1	PAGE	조사가격2	PAGE	적용단가	노무비	가격정보	거래가격	유통물가	조사가격1	조사가격2	적용단가	번호	비고
보통인부	일반공사 직종	인												109,819							노임 1	
특별인부	일반공사 직종	인												133,417							노임 2	
형틀목공	일반공사 직종	인												189,303							노임 3	
철근공	일반공사 직종	인												189,585							노임 4	
용접공	일반공사 직종	인												169,201							노임 5	
콘크리트공	일반공사 직종	인												176,062							노임 6	
합석공	일반공사 직종	인												152,559							노임 7	
건출공	일반공사 직종	인												159,626							노임 8	
방수공	일반공사 직종	인												130,819							노임 9	
미장공	일반공사 직종	인												175,547							노임 10	
도장공	일반공사 직종	인												153,890							노임 11	
철골공	일반공사 직종	인												176,388							노임 12	
연마공	일반공사 직종	인												135,816							노임 13	표면처리
내장공	일반공사 직종	인												165,367							노임 14	
철공	일반공사 직종	인												170,500							노임 15	
철근	HD13	TON	-		-		675,000	42	-		-		675,000		-						자재 1	
레드믹스콘크리트	25-21-120	M3	-		-		68,700	111	-		-		68,700		-						자재 2	
형강	ㄷ-형강	TON	810,000	73	840,000	38	770,000	44	-		-		770,000		-						자재 3	
무수축 모르타르	유니온그라우트 EM	kg	-		-		400	106					400		-						자재 4	
시멘트	KSL5201	kg	-		-		110	106					110		-						자재 5	
모래	인천, 도착도, 해사	M3					23,000	103					23,000								자재 6	
건식균열주입재		kg					17,000	128					17,000								자재 7	
건식균열봉장재		kg					9,000	128					9,000								자재 8	
주입기		EA	600	221	600	600	550	128					550								자재 9	
연마석		EA			7,100	1321	7,810	1420					7,100								자재 10	
습식균열주입재		kg					23,000	128					23,000								자재 11	
습식균열봉장재		kg					15,000	128					15,000								자재 12	
우레탄		kg					5,500	125					5,500								자재 13	
우레탄 프라이머	UC-101	kg	4,500	228			4,500	126					4,500								자재 14	
탑코팅	DU-300	kg					6,000	128					6,000								자재 15	

단가대비표

품명	규격	단위	재료비											노무비	경비						번호	비고
			물가정보	PAGE	거래가격	PAGE	물가자료	PAGE	조사가격1	PAGE	조사가격2	PAGE	적용단가		가격정보	거래가격	유통물가	조사가격1	조사가격2	적용단가		
마석재	thinner EP-T	kg					4,400	125					4,400								자재 16	
샌드위치 패널	50mm	M2			14,400	695	19,000	556					14,400								자재 17	
철판	4.5mm	kg			835	45	830	52					830								자재 18	
철판주위 용접	예폭시퍼티	kg					14,500	124					14,500								자재 19	
주입제	예폭시그라우팅	kg					13,000	128					13,000								자재 20	
셋트앵커	철, 8mm~70mm	EA					1,500	127					1,500								자재 21	
주입파이프	AL 8mm	EA					600	127					600								자재 22	
철판 방청제		kg			9,000	102	9,500	120					9,000								자재 23	
예폭시 방청착색제		kg					10,000	127					10,000								자재 24	
신나	예폭시도료용	l					3,500	127					3,500								자재 25	
폐기물 처리	폐기물 수집,운반,처리	TON					43,000	히535					43,000								자재 26	
운반공	E4301	kg			2,980	1435	2,980	1395					2,980								자재 27	
전소		l	2	889	2	1435	2	히533					2								자재 28	
아세틸렌	AC 99%(용접용)	kg	13,000	889	13,200	1435	11,500	히533					11,500								자재 29	
합판	12mm	M2	12,559	692	11,653	621	10,868	692					10,868								자재 30	
각재	외송각재, 거푸집 각재용	M2	441,000	161			389,220	139					389,220								자재 31	
* 재외																						

수량산출근거

번호	품명	규격	단위	산출 서식	산출 수량	비고
1. 4개 도크 공사 부분의 하자						
가. 철근 등이 설치 기준에 미달						
	도크 콘크리트 철거		m³	=(1.1+14)*2*0.4*0.2*2+(0.9+12)*2*0.4*0.2*2	8.96	4개 도크 전체
	폐기물		ton	=8.96*2.3	20.61	4개 도크 전체
	철근		m	=(1.8*2+0.4*7+14.8*2+0.4*50)*2*2+(1.7*2+0.4*7+12.8*2+0.4*44)*2*2	421.60	4개 도크 전체
	거푸집 설치·해체		m²	=((1.1+14.0)*2*2+(0.9+12.0)*2*2)*0.2	22.40	4개 도크 전체
	콘크리트 타설		m³	=(1.1+14)*2*0.4*0.2*2+(0.9+12)*2*0.4*0.2*2	8.96	4개 도크 전체
나. 일부 도크 안의 중간 부위의 콘크리트 일부가 떨어져 나감						
	도크 벽체 중간 앵글 ㄷ-형강 레일 재시공	ㄷ-형강 레일	m	=14.0*2*2+12.0*2*2	104.00	4개 도크 전체
	무수축 몰탈 보수	ㄷ-형강 레일 주변 밀실 불량	m³	=(14*0.15*2*2+12.0*0.15*2*2)*0.1	1.56	4개 도크 전체
	무수축 몰탈 보수	콘크리트 탈락	m³	=(0.5*0.5+1.0*0.3+0.3*0.3)*0.1	0.06	
	면보수	도크 벽체 요철 및 평탄 불량	m²	=5.0*1.3*2+3.0*1.0+0.5*0.5	16.25	
다. 균열, 누수						
	균열 보수	건식 균열 보수	m	=0.5*2+0.3*2+2.0+1.5+1.0+0.3*2	6.70	
	균열 보수	습식 균열 보수	m	=1.0+1.5+1.0+0.3	3.80	
	철판 보강	도크 코너 이격 부위	개소	=2	2.00	
	바닥 우레탄 방수		m²	=1.1*14.0*2	30.80	
2. 약정한 공장 건물 외벽 왼쪽 부분의 바닥 콘크리트 높이의 부족						산정제외
	해당없음					
3. 약정한 우수가 빠져 나갈 수 있는 공사 미시행						산정제외
	해당없음					
4. 사무실 누수						산정제외
	해당없음					
5. 약정한 외벽(공장 왼쪽) 설치 공사 누락						
	THK 50 난연판넬 설치시		m²	=캐드 구적 58.5	58.50	
6. 약정한 윤활유 업체와의 경계에 벽체 설치 누락						
	THK 50 난연판넬 설치		m²	=캐드 구적 90.18	90.18	

- 34 -

Ⅲ. 조사현황

1. 조사현황도

* 건습식 균열 및 복제 이격

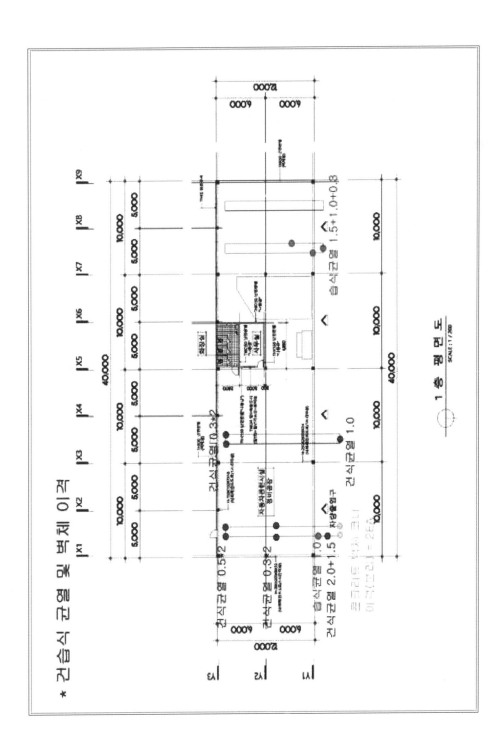

1 층 평 면 도
SCALE 1 / 200

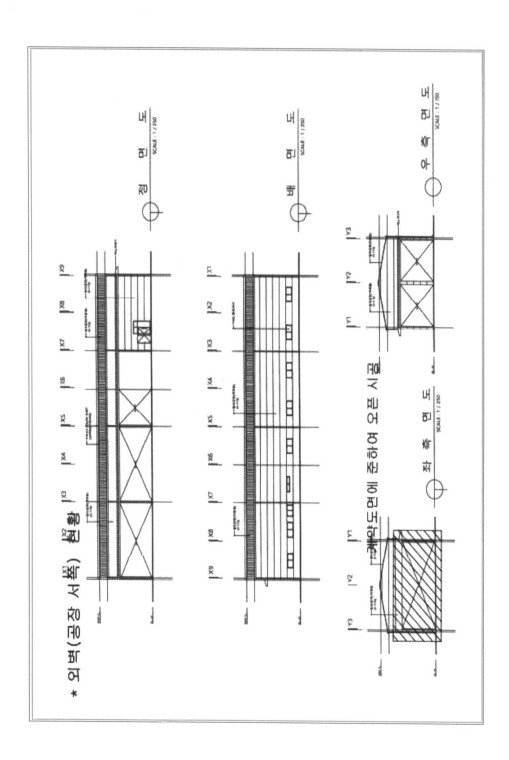

* 외벽(공장 서쪽) 현황

정 면 도
SCALE : 1 / 250

배 면 도
SCALE : 1 / 250

우 측 면 도
SCALE : 1 / 150

건축도면에 준하여 오픈 시공

좌 측 면 도
SCALE : 1 / 250

* 윤활유 업체 칸막이 벽체 미시공

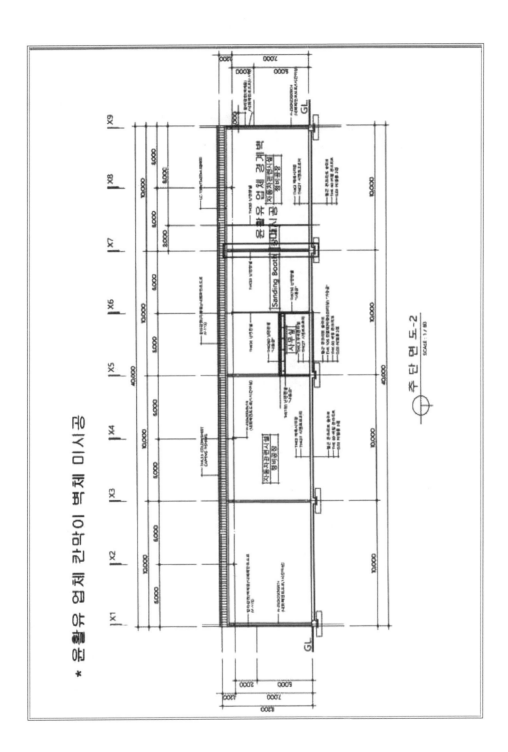

주 단 면 도 -2
SCALE : 1 / 80

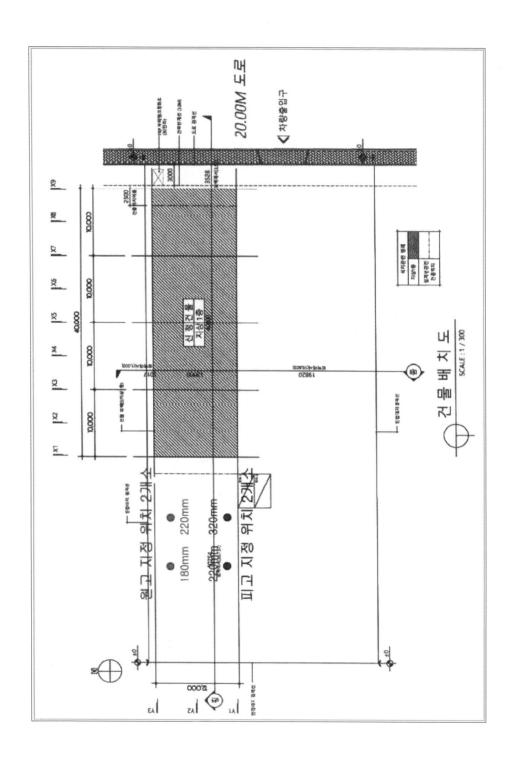

건물배치도

SCALE : 1 / 300

2. 현황사진

| 도크주변 철근 미시공 부위 | 도크주변 철근 미시공 부위 |

| 도크주변 콘크리트 탈락 | 도크주변 콘크리트 탈락 |

| 도크주변 균열 | 도크내부 균열 및 누수 |

| 도크(대형)바닥 물고임 | 도크(대형)바닥 물고임 |

	관련사진 삭제
도크 내부 레일주변 콘크리트 타설불량	데크내부 레일주변 시공불량

공장 서측바닥 콘크리트 두께 불량 파취시험	공장 서측바닥 콘크리트 두께 불량 파취시험

사무실 바닥타일 시공현황	주출입구 우수라인 2개소 시공현황

우수라인 연결현황	우수맨홀 내부 유수분리장치 시공현황

- 43 -

Ⅳ. 첨부자료

1. 원고 제출자료

2. 피고 제출자료

[1] 소송관계자를 위한 건설감정실무, 손은성, 박영사, 2021.

[2] 건축물 감정방법, 김성수, 시공문화사, 2012.

[3] 건축물의 조사·감정서 작성요령, 서울특별시건축사회, 2011.

[4] 법원감정인을 위한 소송감정, 김황중, 서우, 2008.

[5] 건축물 조사·감정실무, 전선학, 공간예술사, 2007.

[6] 건설감정(공사비편), 이기상, 손은성, 박영사, 2020.

[7] 건설감정(하자편), 이기상, 손은성, 박영사, 2018.

[8] 건설분쟁 관계법, 윤재윤, 박영사, 2021.

[9] 건설소송의 법률적 쟁점과 소송실무, 김흥준, 유로, 2013.

[10] 건설분쟁 실무, 배태민, 진원사, 2011.

[11] 건설전문변호사 사용법, 박세원, 라온북, 2024.

[12] 건설회사 직원이 감정평가실무서 처음 볼 때 쉽게 이해하는 법, BP,2023.

[13] 건설감정인 실무연수회 자료집, 서울중앙지방법원 건설감정 실무연구회, 2024.

[14] 상임전문심리위원 제도의 성과분석 및 발전방향에 대한 연구, 법원행정처, 2024.

[15] 전문가감정 및 전문심리위원제도의 개선방안에 관한 연구, 사법정책연구원, 2016.

[16] 건설재판실무편람(2014년 개정판),건설재판실무편람 집필위원회, 2014.

[17] 건설감정실무 2016개정판, 서울중앙지방법원 건설소송실무연구회, 2016.

[18] 건설감정실무 추록, 서울중앙지방법원 건설소송실무연구회, 2015.

[19] 건설감정매뉴얼, 법원행정처, 2014.

|저|자|소|개|

손은성

건축사 · 건축시공기술사 · 조경기사
건설법무학 박사
고등법원 상임전문심리위원, 감정관리위원

『소송관계자를 위한 건설감정실무』
『건설감정 – 공사비(공저)』
『건설감정 – 하자(공저)』
법원행정처 『건설감정메뉴얼』 외
서울중앙지방법원 『건설감정실무』 외

감정인을 위한
건설감정보고서

초판발행	2025년 3월 5일
지은이	손은성
펴낸이	안종만 · 안상준
편 집	김상인
기획/마케팅	최동인
표지디자인	BEN STORY
제 작	고철민 · 김원표
펴낸곳	(주)**박영사**
	서울특별시 금천구 가산디지털2로 53, 210호(가산동, 한라시그마밸리)
	등록 1959. 3. 11. 제300-1959-1호(倫)
전 화	02)733-6771
f a x	02)736-4818
e-mail	pys@pybook.co.kr
homepage	www.pybook.co.kr
ISBN	979-11-303-4911-4 93360

정 가   23,000원